Eckhard Bieger
Taschenlexikon
christliche Symbole

Eckhard Bieger

Taschenlexikon christliche Symbole

benno

Bibliografische Information der Deutschen Bibliothek
Die Deutsche Bibliothek verzeichnet diese Publikation
in der Deutschen Nationalbibliografie;
detaillierte bibliografische Daten sind im Internet über
http://dnb.ddb.de abrufbar.

ISBN 978-3-7462-2180-9

04159 Leipzig, Stammerstr. 11
www.st-benno.de
Einbandgestaltung: Ulrike Vetter, Leipzig
Gesamtherstellung: Kontext, Lemsel

DIE SYMBOLE DER KIRCHEN

Einleitung

Kirchenräume üben eine kaum erklärbare Anziehungskraft aus. Was wäre Köln ohne seinen Dom oder das bayerische Oberland ohne seine Barockkirchen? Kann man das Geheimnis der Kirchen entschlüsseln? Die Kunstgeschichte arbeitet intensiv daran. Jedoch erklärt sie meist nur die äußeren Daten, beispielsweise welche Bauphasen aus dem Mauerwerk eines Domes abgelesen werden können, wann eine Skulptur geschaffen wurde, ob eine Renovierung die ursprüngliche Form und Bemalung herausgearbeitet und bisher verdeckte Malereien freigelegt hat. Für den Regensburger Dom wurde jeder Stein auf das Zeichen des Steinmetzen untersucht, so dass man genau weiß, wie viele Handwerker in der Bauhütte tätig waren. Kann man so dem Geheimnis des Kirchenraumes näher kommen? Vielleicht einmal.

Man kann aber auch – wie in diesem Lexikon – den direkten Weg wählen. Denn die Bauideen der mittelalterlichen und Barockkirchen sind aufgeschrieben. Es gibt einen Grund, warum

Taufbecken nicht sechs-, sondern achteckig sind, warum in der Romanik so massive Türme gebaut wurden und warum sie immer an der Westseite der Kirche stehen, warum in der Gotik die Mauern durch Glas ersetzt wurden, warum die Darstellung der Himmelfahrt Mariens auf so vielen Altarbildern des Barock zu finden ist.
Der direkte Weg führt in die Bibel, denn hier stehen die Bauideen und es sind sogar die Maße vorgegeben. Sie entsprechen übrigens genau den Tonabständen der Musik. Da die biblischen Bauanleitungen, ob für den Tempel, die Arche Noah oder das himmlische Jerusalem, von den einzelnen Epochen unterschiedlich verstanden und umgesetzt wurden, entstanden immer wieder neue Baustile: die der Romanik, der Gotik und des Barock.
Dieses Lexikon erklärt aber auch die symbolische Bedeutung der Drachen-, Wolfs- und Löwendarstellungen und vieler anderer Zeichen, die man an und in Kirchen sehen kann.

Im Symbol verbinden sich Himmel und Erde.

Die Bedeutung des Wortes „Symbol“ (griech. „das Zusammengeworfene“) leitet sich von den Teilen eines auseinandergebrochenen Tontäfelchens ab. Es bestätigte den Freundschaftsbund:

Jeder der Freunde nahm einen Teil des Täfelchens mit; bei einem Wiedertreffen zeigte sich, ob die Tonscherben sich lückenlos zu einer Tafel verbanden. Auch ein auseinandergebrochener Ring konnte als Symbol dienen.
Was bringen aber die Symbole, beispielsweise ein Lamm oder die Achtzahl, die sich in achteckigen Taufbecken, Kuppeln oder Türmen wiederfindet, „zusammen"? Viele Symbole sind erst verständlich, wenn sie in den größeren Zusammenhang der Symbolsprache eingeordnet werden. Dieser Zusammenhang ist das Himmelsgewölbe, in dem der Mensch seinen Platz finden will. Erst wenn der Mensch sich in das Ganze einordnet, findet er Sinn für sein Leben, kann er die Welt insgesamt verstehen und weiß, „was die Stunde geschlagen hat". Denn im Alltag findet sich der Mensch einem ständigen Wechsel ausgesetzt. Die Jahreszeiten und damit das Wetter ändern sich, es wächst und vergeht. Auch das eigene Leben besteht aus einem Auf und Ab. Wo kann der Mensch in diesem ständigen Wandel sein Leben verankern und eine Richtung finden, die er auch dann im Auge behalten kann, wenn sein Leben, wie im Labyrinth dargestellt, auf verschlungenen Wegen verläuft?
Die Erde, auf der sich der Mensch vorfindet, gibt ihm diese Sicherheit nicht. Hier ist er Dunkel-

heit und Stürmen ausgesetzt, die Sonne verschwindet jeden Abend vom Himmel; sie taucht hinter dem Horizont unter. Da die Sonne Helligkeit bedeutet und nur im Sonnenlicht Leben gedeiht, ist die Beobachtung des Himmels dem Menschen aufgegeben, zumal er nur so die Tage in Stunden unterteilen, die Monate bestimmen und den Jahreswechsel beobachten kann. Allerdings bewegt sich alles am Himmel, die Planeten aus der Sicht des Erdbewohners sogar zeitweise rückwärts. Sie „irren" am Himmel umher. (Planeten kommt von dem griechischen „planetes", die Umherschweifenden.)

Es gibt nur einen festen Punkt, nämlich den Polarstern, auf den die Erdachse ausgerichtet ist. Er wird in der frei stehenden Säule bzw. dem Stab der Sonnenuhr symbolisiert. Der Stab oder Obelisk ermöglichen es dem Beobachter, den Lauf der Sonne im Jahreskreislauf zu verfolgen. Da die Sonne sich durch den Tierkreis bewegt, sind die zwölf Tierkreise den zwölf Monaten in etwa zugeordnet. Der Umlauf der Sonne durch den Tierkreis bestimmt die Dauer des Jahres. Im Tierkreis gibt es zwei entscheidende Punkte, nämlich wenn der in den Himmel ausgedehnte Äquator und der Tierkreis sich schneiden. Das sind die beiden Daten der Tag- und Nacht-Gleiche am 21. März und 23. September. Für die

Nordhalbkugel ist der Märztermin wichtig, weil dieser Tag den Frühlingsanfang bezeichnet. Die Sonne kommt zurück. Das geschieht im Sternzeichen des Widders. Von daher hat der Widder in den antiken Kulturen große Bedeutung, bei den Ägyptern formt ein widderköpfiger Gott den Menschen und gibt ihm sein Ka, sein Leben. Die Juden feiern am ersten Frühlingsvollmond das Passahfest, bei dem ein einjähriges Lamm verzehrt wird. Die Christen begehen am Sonntag nach dem 1. Frühlingsvollmond Ostern. Das griechische X bildet diesen Tag, den Beginn des Lebens überhaupt und des jährlichen Neuanfangs ab, nämlich den Winkel zwischen dem Himmelsäquator und dem Tierkreis, Zodiakus genannt.
Die Kirchen sind so gebaut, dass sie diesen Himmel abbilden. Das erklärt die Bedeutung der Zahl Acht, die sich in den achteckigen Taufbecken, in den Kreuzrippen der Chorräume vieler gotischer Kirchen oder in den Kuppeln romanischer Kirchen wiederfindet. Die Acht steht für den Tag nach der Vollendung der Schöpfung, die durch die Zahl Sieben repräsentiert wird. Am achten Tag beginnt die himmlische Schöpfung, in der nach der Geheimen Offenbarung des Johannes das Lamm die Herrschaft übernimmt. Viele andere Symbole haben ebenfalls einen himmlischen Bezug. Deshalb ist im sichtbaren

Symbol eine andere Wirklichkeit anwesend. Es wäre also vergebens, die Bedeutung eines Symbols in der irdischen Wirklichkeit zu suchen.
Die Struktur des Symbols findet sich auch in den christlichen **Sakramenten.** Dieses lateinische Wort bezeichnet ursprünglich die Weihe zum Kriegsdienst, es kommt von „sacer", das für den abgegrenzten heiligen Bezirk steht. Die Sakramente der christlichen Kirche haben die gleiche symbolische Doppelheit, ein sichtbares Zeichen wie beispielsweise Wasser, Öl, Brot deuten auf einen religiösen Gehalt. Mittels des äußeren Zeichens handelt Gott, schenkt in der Taufe die himmlische Wiedergeburt, lässt im eucharistischen Brot den Menschen an dem himmlischen Mahl teilnehmen, salbt ihn mit Öl für eine besondere Aufgabe in der Kirche.
Eine wichtige Quelle der Symbolsprache ist die Bibel. Viele Symbole, so der Schlüssel, das Kreuz, der Regenbogen, die Wurzel Jesse und viele andere, sind der Bibel entnommen.
Da Symbole wie auch Sakramente auf eine **nichtmaterielle Wirklichkeit** hindeuten, muss man sie zu lesen verstehen. Dieses Wörterbuch christlicher Symbole soll vor allem dazu dienen, die mittelalterlichen und barocken Kirchen mit ganz anderen Augen zu betrachten, weil diese Kirchen nicht die Wirrnisse der menschlichen

Existenz, sondern die himmlische Wirklichkeit, die Vollendung, auf die der Mensch zugeht, darstellen.

A

Adler

Der Adler ist das Tiersymbol des Evangelisten Johannes. Er findet sich an Kanzeln wie auch in vielen Bildern, die Christus darstellen. Der Adler steht für die geistige Kraft des Menschen und wird deshalb dem 4. Evangelisten zugeschrieben, weil dessen Evangelium mit dem Hymnus über den göttlichen Logos beginnt. Der Ambo, das Lesepult, ist in der Romanik oft als Adler gestaltet.

Affe

In Ägypten und Indien gilt der Affe als heiliges Tier. In der christlichen Bildsprache hat er negative Vorzeichen. Er steht für Lüsternheit und List. (→Laster) Wird er gefesselt dargestellt, ist damit der durch die Erlösung besiegte Teufel gemeint.

Alpha und Omega, A und Ω

sind der erste bzw. der letzte Buchstabe des griechischen Alphabets. Im Buch der Geheimen Offenbarung bezeichnet sich so Gott Vater: „Ich bin das Alpha und das Omega, spricht Gott, der

Herr, der ist und der war und der kommt, der Herrscher über die ganze Schöpfung“ (Offb 1,8; vgl. auch Offb 21,6). Christus als der kommende Richter sagt von sich dasselbe aus: „Ich bin das Alpha und das Omega, der Erste und der Letzte, der Anfang und das Ende“ (Offb 22,13). Später wurde das Symbol zusammen mit dem Kreuz oder dem Christusmonogramm vornehmlich als Symbol Christi verwandt, so beispielsweise auf der Osterkerze.
Im Deutschen ist die Bedeutung von Alpha und Omega in der Redewendung „das A und O“ übernommen worden.

Altar
Zunächst war der Altar das Symbol des heidnischen Gottesdienstes. Das lateinische Wort *adolere = verbrennen* bezeichnet die ursprüngliche Bedeutung als Stätte zur Verbrennung der Opfer. Im Bereich des Alten Testaments werden Altäre vor allem dort erwähnt, wo dem Volk Israel Gottesoffenbarungen zuteil wurden. Daher standen Brand- und Rauchopferaltäre auch im Bundeszelt und später vor dem Jerusalemer Tempel. Der Altar ist die Fläche der Begegnung mit Gott und hat auch bei den orientalischen Kulten die Bedeutung eines Tisches, denn Opfer bedeutet, dass der Mensch mit der Gottheit zu Tisch sitzt.

Dabei kommt Gott das Fett des Opfertieres zu. Das Blut wird am Altar ausgeschüttet. Als Symbol des Lebens wird es nicht verzehrt.
Der zentrale jüdische Kult des Pessach war wie das christliche Abendmahl altarlos. Jesus versammelte die Seinen um den Tisch, und das hielten auch die Christen während der ersten Jahrhunderte so. Später wurde für das heilige Mahl der Altar wieder eingeführt, das Opfer Jesu in das Tischgeschehen hineingenommen und vergegenwärtigt. Jesus ist nicht nur der Opferpriester, der sich selbst als endgültige Opfergabe Gott darbringt, sondern gleichzeitig auch der Altar für dieses Opfer (vgl. die Ausdeutung von Hebr 13,10: „Wir haben einen Altar, von dem die nicht essen dürfen, die dem Zelt dienen."). Vom 4. Jahrhundert an setzt sich allmählich der steinerne Tisch durch, der in den alten Basiliken meist im Mittelpunkt der Apsis steht. Vom frühen Mittelalter an baut man den Altar näher an die Rückwand der Apsis und schirmt durch Schranken einen Altarraum von der Gemeinde ab (vgl. →Chor). Ab dem 8. Jahrhundert weicht die Tischform immer mehr der Blockform. Dies kommt der Entwicklung entgegen, im Altar Reliquien von Märtyrern und Heiligen beizusetzen.

Andreaskreuz
→Heilige, →Kreuz

Anker
Er diente in biblischer Zeit nicht nur zum Festmachen des Schiffes, sondern auch zum Manövrieren und bezeichnet symbolisch die göttliche Hilfe gegen die Stürme der Zeit. Er verhindert, dass der Christ in diesen Stürmen untergeht, und sorgt dafür, dass er in den Hafen des Erlöstseins gelangt. So ist er das Symbol der Hoffnung in der frühen Kirche. Gleichzeitig war der Anker mit dem Querbalken unter dem →Ring zur Zeit der Christenverfolgungen ein heimliches Zeichen für das →Kreuz. Im Mittelalter verschwand die Anker-Symbolik. Ab dem 15. Jahrhundert erscheint sie vereinzelt wieder als Attribut der Hoffnung (→Tugenden). Bei den Reformierten gilt der Anker als Symbol der Kirche.

Apfel
Obwohl in der Versuchungsgeschichte der Bibel nur von der verbotenen Frucht des Baumes in der Mitte des Paradiesgartens die Rede ist, wird diese Frucht meist als Apfel dargestellt. Er steht für die Sexualität und damit als Symbol der Verführung wie der Fruchtbarkeit. Der Kampf um Troja beginnt damit, dass Paris der Aphrodite

einen goldenen Apfel überreicht und damit die Rivalität der anderen Göttinnen hervorruft. Im Barock hat der Tod einen Apfel in der Hand. Der Apfel hat noch eine dritte Bedeutung. Er steht für den Kosmos, später, als die Kugelform der Erde entdeckt war, für die Erde. Er ist damit Zeichen der Herrschaft in der Hand des Jesuskindes. Der mit einem Kreuz bezeichnete „Reichsapfel" liegt in der linken Hand des Kaisers, in der rechten hält er das Zepter (→Ferula).
Die Kugeln am Weihnachtsbaum leiten sich von Äpfeln ab. Da die Weihnachtsspiele oft mit dem Sündenfall begannen, bedeutet der Apfel am Christbaum die Erlösung vom Tod, den der Apfel gebracht hat. Allerdings hat die Sexualität notwendig den Tod im Gefolge, denn die Generation, die geboren hat, muss der nachfolgenden Generation Platz machen.

Apostel
Die ursprüngliche Bedeutung, entsprechend dem griechischen Wort „apostolos", ist „Gesandter". In den Kirchen verschiedener Stilepochen haben die Apostel eine tragende Funktion. Sie werden mit den →Säulen in Verbindung gebracht, die das Gebäude tragen. Dies leitet sich aus dem Galaterbrief 2,9 ab, wo Jakobus, Petrus

und Johannes die „Säulen“ genannt werden. Jesus nennt Petrus den →Fels, auf dem er seine Kirche bauen will (Mt 16,18). Die Apostel sind als Zeitzeugen und erste Verkünder des Evangeliums von Jesus Christus Garanten für dessen Wahrheit. Wie die vier Evangelisten stehen sie auch für die Verkündigung des Evangeliums in der Kirche und durch die Kirche. Die Zwölfzahl der Apostel bedeutet nach dem Willen Jesu, dass sie die zwölf Stämme Israels repräsentieren (→Zahlen). Deshalb finden sich in vielen Kirchen zwölf Säulen im Chorraum oder im Mittelschiff, die diese zwölf Zeugen repräsentieren, auch wenn sich keine Figuren an diesen Säulen finden. Manchmal ist eine der Säulen schwarz (→Farben). Damit wird auf Judas hingewiesen. In der Gotik finden sich an den Säulen die Skulpturen der zwölf Apostel, auch der Barock kennt die Aposteldarstellungen im Längsschiff der Kirche. Auf Bildern, die das Pfingstereignis darstellen, werden die Apostel zusammen gezeigt und in ihrer Mitte Maria, die Mutter Jesu. Im Mittelalter werden den Aposteln Propheten zugeordnet, manchmal stehen Apostelfiguren auf den Schultern von Propheten.

Arche

In dem Holzschiff, das Noah zur Rettung vor der Sintflut gebaut hatte, sehen Theologen die Kirche vorgebildet. Noah steht für die Seele des Geretteten und ist daher öfters auf frühchristlichen Sarkophagen eingraviert.

Die →Taube, die Noah aussendet und die mit einem Ölzweig zurückkommt, ist Zeichen der Rettung und wird oft ohne die Arche dargestellt.

Da das Buch Genesis die Maße der Arche festhält, 300 Ellen in der Länge, 50 Ellen breit und 30 Ellen hoch (Gen 6,15), konnten die Größenverhältnisse für den Kirchbau übernommen werden.

Weiter ist berichtet, dass die Arche drei Stockwerke hatte, wie sie sich, wenn man die Krypta hinzunimmt, in den romanischen Kirchen findet.

B

Baldachin

Der Baldachin steht wie das Gewölbe und die Kuppel für den Himmel. Unter ihm geht bei Fronleichnamsprozessionen der Priester mit der

Monstranz. In der Gotik erhalten die Figuren häufig einen kleinen Baldachin, der damit für den Heiligenschein steht. Über Gräbern und bei Darstellungen der Grablegung Jesu finden sich ebenfalls Baldachine.

Bär
→Laster

Barock – Ein Blick in den Himmel
Fast alle Barockkirchen haben als zentrales Motiv die Himmelfahrt Mariens, meist auf dem Altarbild dargestellt. Diese Himmelsperspektive ist die Reaktion auf die Todeserfahrung des Dreißigjährigen Krieges. Deutschland musste neu aufgebaut werden, das Mittelalter war nicht mehr zurückzuholen. Neue Impulse für das Bauen kamen auch von den Naturwissenschaften und der Mathematik. Wie die Erfindung der →Kreuzrippe den Dombauhütten der Gotik eine größere Bauhöhe ermöglichte, so sind die Raumkompositionen des Barock durch die mathematische Berechnung der Kurven möglich geworden. Leibniz und Newton hatten gleichzeitig die Differenzialrechnung und damit die exakte Berechnung von Kurven entwickelt. Das machten sich die

Architekten zunutze. Eine barocke Fassade oder ein aus mehreren Ellipsen und Kreisen komponierter Kirchenraum sind Ergebnisse aus der Verbindung von Mathematik und Architektur. Die barocken Schlösser haben einen direkten Einfluss auf die Konzeption barocker Kirchenräume, die als himmlischer Festsaal entworfen sind. Eine barocke Kirche ist wie ein Thronsaal konzipiert. Anders als in der Basilika sitzt nicht der Bischof unter der Wölbung der Apsis, sondern der Tabernakel ist in die Mitte gerückt. War er in gotischen Kirchen noch als Sakramentshäuschen an der Seitenwand des Chorraums aufgestellt, steht er jetzt auf dem Altar. Wo der Fürst im Schloss Platz nimmt, „thront" der im eucharistischen Brot gegenwärtige Christus im Schnittpunkt der Linien, die im Chorraum zusammenlaufen. Der Altar, und was auf ihm geschieht, wird in eine Dynamik nach oben einbezogen. Das zeigt sich an einem Motiv, das wir wie selbstverständlich mit dem Barock verbinden: die unterbrochene Begrenzung nach oben. Was ein Sims werden könnte, besteht aus zwei Ansätzen für einen Rundbogen, zwischen denen oft ein Bild angebracht ist, das die obere Linie zwischen den beiden Ansätzen für den Sims durchbricht. Säulen sind ein weiteres Element, das die Linie nach oben betont.

Die Deckengemälde des Barock eröffnen einen Blick in den Himmel, so wie es die Visionen der Mystiker beschreiben. Dort sieht der Besucher die Heiligen, oft den Ordensgründer oder Kirchenpatron und über allem thronend die Heilige Dreifaltigkeit, Vater und Sohn und den Heiligen Geist in Gestalt einer Taube. Das Altarbild zeigt im oberen Bereich oft auch die Dreifaltigkeit, sie krönt die in den Himmel aufgenommene Maria. Ob Schloss oder Kirche, der Raum ist im Barock für das große Fest entworfen. Im Schloss wird der Herrscher gefeiert, in den Kirchen die Erlösung des Menschen durch Gott. Dafür wurde die Musik komponiert, im katholischen Bereich die Messen, im evangelischen die Kantaten. In den Bildern werden die Festgeheimnisse dargestellt. Calderon und die Jesuiten haben Theaterstücke geschrieben und aufgeführt, die das ausdrückten, was viele barocke Skulpturen zeigen: Das Religiöse ist ein Kampf, es braucht Elan und Mut, sich zum Guten durchzuringen. Die Anstrengung, die Auseinandersetzung wird mit der himmlischen Schau belohnt, die auf den Deckenfresken dargestellt ist.

Basilika

Jeder Romreisende hat diese Kirchen besichtigt. Es sind lang gestreckte Bauten, meist dreischiffig mit einem flachen Dach. Die Basilika, Königshalle (von griechisch Basileus, König), diente dem Regierenden als Empfangshalle. Er saß am Ende des Raumes unter einer gewölbten Ausbuchtung, der Apsis. Handelte es sich um einen römischen Beamten, war in der Apsis über ihm das Bild des Kaisers angebracht. Die Wölbung symbolisiert den Himmel. Wie die Christen nicht den Kaiser mehr Kyrios, Herr, nannten, sondern Christus, so ersetzten sie das Bild des Kaisers durch eine Darstellung Jesu, in der Gestalt eines Hirten oder auf dem Regenbogen als Weltenherrscher thronend. Das Auswechseln des zentralen Bildmotivs, auf das sich die Blicke der Eintretenden richten, machte aus der Halle des staatlichen Repräsentanten eine Kirche.

Baum

Im Baum sehen wir das Ganze in organischem Zusammenhang. In der Senkrechten wurzelt ein Baum in der Erde und berührt mit seinem Wipfel den Himmel. Solange man sich die Erde als Scheibe vorstellte, von Wassern umgeben, war ein Baum die Achse, um die sich der Himmel dreht.

Der Weihnachtsbaum ist als ein solcher Weltenbaum zu verstehen. Die Sterne an dem Baum stehen für das, vom Blickwinkel des Menschen aus, sich drehende Firmament. Oben verkündet der Engel die Menschwerdung, die unten im Stall von Bethlehem für den Menschen ansichtig wird.

Der Baum als Säule, die mit ihrem Schatten den Lauf der Sonne aufzeichnet, ist der →Obelisk.

Das →Kreuz ist der Baum des Lebens (→Lebensbaum). Es steht über dem Grab Adams, der vom verbotenen Baum der Erkenntnis gegessen hat. So heißt es im letzten Buch der Bibel im Gegenbild zum Paradiesbaum: „Wer Ohren hat, der höre, was der Geist den Gemeinden sagt: Wer siegt, dem werde ich zu essen geben vom Baum des Lebens, der im Paradies Gottes steht“ (Offb 2,7). Der Baum erscheint im gleichen Buch als Symbol für das Leben: „Und er zeigte mir einen Strom, das Wasser des Lebens, klar wie Kristall; er geht vom Thron Gottes und des Lammes aus. Zwischen der Straße der Stadt und dem Strom, hüben und drüben, stehen Bäume des Lebens. Zwölfmal tragen sie Früchte, jeden Monat einmal; und die Blätter der Bäume dienen zur Heilung der Völker“ (Offb 22,1–2).

Bestiarium

An Portalen romanischer Kirchen wie auch an Säulen und manchmal an Kapitellen finden sich Untiere; Wolfsköpfe verschlingen einen Menschen, →Drachen oder →Löwen sollen das Böse darstellen. In der Kirche selbst wird der Kampf des Bösen gegen das Gute gezeigt. Allerdings finden sich solche Darstellungen nur außen oder im hinteren Teil der Kirche, der Chorraum symbolisiert den Sieg Christi über den Tod und das Böse.

Bienenkorb
Die Biene gilt als Vorbild von Tugend und Gemeinschaftssinn. Der Bienenkorb ist daher Symbol für die Kirche. Biene bzw. Bienenkorb werden großen Predigern als Symbol beigegeben, so Ambrosius von Mailand, Chrysostomus (übersetzt „Goldmund") und Bernhard von Clairvaux, weil ihr Mund von honigsüßer Rede überfloss.

Bischofsstab
Ein gekrümmter Stab, den der Bischof beim Ein- und Auszug aus der Kirche trägt sowie bei der Verlesung des Evangeliums und bei der Predigt, leitet sich vom Hirtenstab ab und ist Ausdruck seiner Amtsvollmacht. Im Mittelalter war mit der Übergabe des Stabes durch den König die Investitur, d. h. die Übergabe der weltlichen Macht über das Gebiet des Bistums, verbunden. Das Sprichwort „Unter dem Krummstab lässt sich gut leben" bezieht sich auf die meist bes-

seren Lebensbedingungen in den ehemaligen Fürstbistümern, weil die Landesherren, die Bischöfe, etwas weniger Kriege führten.

Bock

Dieses Tier stellt die Wollust dar (→Laster), weil es das Reittier der Liebesgöttin Aphrodite war. Im Mittelalter wird der Teufel oft in Bockform dargestellt. Der Bock ist ein Opfertier des jüdischen Kultes gewesen und gewinnt in der Funktion des Sündenbocks eine reinigende Funktion: Er trägt die Sünden des Volkes in die Wüste hinaus.

Im Buch Levitikus findet sich folgende Anweisung für die jährliche Entsühnung des Volkes: Der Priester Aaron „soll den lebenden Bock herbringen lassen. Aaron soll seine beiden Hände auf den Kopf des lebenden Bockes legen und über ihm alle Sünden der Israeliten, alle ihre Frevel und alle ihre Fehler bekennen. Nachdem er sie so auf den Kopf des Bockes geladen hat, soll er ihn durch einen bereitstehenden Mann in die Wüste treiben lassen und der Bock soll alle ihre Sünden mit sich in die Einöde tragen“ (Lev 16,20b–22).

Brot und Wein

Sie sind zentrale Zeichen des christlichen Gottesdienstes. Jesus selbst hat im Mahl, das er am

Vorabend seines Todes mit seinen Jüngern gehalten hat, das Brot und den Wein als Zeichen seiner Gegenwart bestimmt. Wein ist insbesondere ein Zeichen des Himmels im Unterschied zum →Wasser, das in seinen verfließenden Wellen die Vergänglichkeit symbolisiert.
Da Brot und Wein zum Verzehr gereicht werden, kommt es zur Vereinigung zwischen diesen Gaben und dem Essenden und Trinkenden: „Ich bin das lebendige Brot, das vom Himmel herabgekommen ist. Wer von diesem Brot isst, wird in Ewigkeit leben" (Joh 6,51a).
Dieses Brot ist durch Zermahlen der Körner, der Wein aus dem Keltern der Trauben hervorgegangen. Deshalb bestätigen Brot und Wein die Worte Jesu: „Das Brot, das ich geben werde, ist mein Fleisch, für das Leben der Welt" (Joh 6,51b).
Wie der Geber in seiner Gabe präsent ist, gibt es auch keine Trennung zwischen Jesus und den Gaben, die er nicht nur als Geschenke bezeichnet, sondern als seinen Leib und sein Blut.
Die Darstellung der „wunderbaren Brotvermehrung" findet sich in vielen Malereien und Glasfenstern.

Brunnen
Im Hebräischen werden Auge und Brunnen mit der gleichen Lautfolge bezeichnet. Daher symbolisiert der Brunnen Erkenntnis. Das →Wasser steht für Reinigung und Segen. Der Brunnen ist wegen des Wasserritus der Taufe im Christentum ein Bild für die Aufnahme in die Kirche, die mit einer Reinigung von den Sünden verbunden ist. Im sog. →Paradies steht wie im Garten Eden ein Brunnen.

Buch
Das Buch in den Händen Christi, eines Bischofs oder Heiligen besagt Lehrautorität, die sich letztlich von Gott herleitet. Gott hat das Gesetz und die Kultvorschriften erlassen, die Apostel, Evangelisten und Bischöfe tragen die göttliche Lehre Jesu weiter.
Das Buch steht auch für die Geheimnisse, die in ihm aufgeschrieben sind und das deshalb nicht jeder öffnen kann. In der Geheimen Offenbarung ist zu lesen: „Da sagte einer von den Ältesten zu mir: Weine nicht! Gesiegt hat der Löwe aus dem Stamm Juda, der Spross aus der Wurzel Davids; er kann das Buch und seine sieben Siegel öffnen. Und ich sah: Zwischen dem Thron und den vier Lebewesen und mitten unter den Ältesten stand ein Lamm; es sah aus wie geschlachtet

und hatte sieben Hörner und sieben Augen; die Augen sind die sieben Geister Gottes, die über die ganze Erde ausgesandt sind. Das Lamm trat heran und empfing das Buch aus der rechten Hand dessen, der auf dem Thron saß" (Offb 5,5–7). Mit dem Buch des Lebens wird das Verzeichnis benannt, in dem die Gerechten aufgeschrieben sind, die zur ewigen Seligkeit im Himmel gelangen sollen. Paulus erwähnt das Buch in seinem Brief an die Philipper: „Ja, ich bitte auch dich, treuer Gefährte, nimm dich ihrer an! Sie haben mit mir für das Evangelium gekämpft, zusammen mit Klemens und meinen anderen Mitarbeitern. Ihre Namen stehen im Buch des Lebens" (Phil 4,3). In der Offenbarung des Johannes wird dieses Buch mehrfach erwähnt: Offb 3,5; 17,8; 20,12.15 (→Tugenden).

C

Chi, X

Der griechische Buchstabe X, ausgesprochen „Chi", ist der Anfangsbuchstabe von Christus. Das X hat eine kosmische Bedeutung, denn schon Platon sieht im X die Struktur des Weltalls abgebildet, nämlich den Winkel zwischen dem Sternkreis und dem Sonnenäquator, der durch die Ekliptik bestimmt ist. Das X hat in der Mitte eine Senkrechte, die die Weltachse wiedergibt, die auf den Polarstern gerichtet ist. Um diese Achse dreht sich der Sternenhimmel. Die senkrechte Linie hat oben einen Halbkreis, der das griechische Rho, das nicht unserem „P“, sondern dem „R“ entspricht. X-P sind die beiden Anfangsbuchstaben von Christus. Der Senkrechten im X-P entspricht der →Obelisk.

Chimäre

Gehört zum →Bestiarium romanischer Kirchen, ein Fabeltier aus der griechischen Sagenwelt, das Feuer speit, bestehend aus Löwenkopf, Ziegenleib und dem Schwanz einer Schlange.

Chor

Der vordere Teil des Kirchenraumes wird Chor genannt und ist durch ein großes Kreuz sowie durch den Altar in seiner Bedeutung herausgehoben. In den großen Bauphasen des Mittelalters wurde meist zuerst der Chor gebaut, weil dann schon Gottesdienst gefeiert werden konnte. Auf den Chor ist die gesamte Kirche ausgerichtet, denn vom Chor werden die Lesungen vorgetragen, der Vorsänger und die Schola stehen im Chor, das heilige Mahl, die Eucharistie, wird dort gefeiert. Zum Chor gehen die Gläubigen, um das gewandelte Brot zu empfangen. In der Symbolik des Kirchenraumes stellt der Chor das Haupt Christi dar.

Christusbild

Zunächst wurden für die Darstellung Christi Symbole verwandt, ab dem 3. Jahrhundert gibt es auch bildliche Darstellungen Christi, etwa als guter →Hirte. Die Bibel wurde durch die Jahrhunderte als Motivgeber genutzt (etwa Geburt Jesu, Wundertaten und Heilungen, Höllen- und Himmelfahrt Christi). Das Interesse an Abbildungen Jesu nahm ständig zu. Nach der Legende vom Abgarbild wäre Jesus sogar für den Fürsten Abgar von Edessa (heute: Sanliufra) gemalt worden. Später entstanden Legenden von einem Abdruck des Gesichts Jesu auf seinem Grabtuch, das heute in Turin verehrt wird, oder auf dem sogenannten „Schweißtuch" der Veronika.

Die lat.-griech. Bezeichnung „vere icon" (wahres Bildnis) wurde als „Ikone" zur Bezeichnung des religiösen Bildes schlechthin. Hinzu kamen nicht durch Menschenhand gemalte Bilder Christi. Die Christusikone des byzantinischen Kunstbereichs lehnt sich an den Typ des Abgarbildes an. Im Wallfahrtsort Manoppello in den italienischen Abruzzen wird ein Bild verehrt, das Volto Santo, das Heilige Antlitz. Es war wahrscheinlich im Petersdom aufgespannt. Es ist wohl im Zusammenhang mit dem Sacco di Roma 1527 aus Rom weggebracht worden. Als das Christentum Staatsreligion geworden war, gingen Elemente des Kaiserkultes in das Christusbild ein. Aus dem thronenden Christus entwickelte sich das Bild des Pantokrators, des Herrschers des Alls, wie auch die →Majestas Domini. Am wichtigsten und häufigsten wurde die Darstellung Christi am →Kreuz. Nur hingewiesen werden kann auf die vielfältigen symbolischen Darstellungen Christi, etwa als Christus in der Kelter. Hinzugezogen wurde Offb 14,19f. Christus tritt die Weinkelter des allmächtigen Gottes als Sieger über den Tod; er kann auch in selbstgewählter Leidensübernahme selbst in der Kelter gepresst werden. Weitere Christussymbole sind z.B. der →Fisch, der →Delphin und das → Lamm.

D

Deesis

Darstellung von Jesus, der zu Gericht sitzt. Ihm zur Seite finden sich seine Mutter →Maria und Johannes der Täufer, die meist fürbittend ihre Hände erheben. Von dem griechischen Wort für Gebet, Fürbitte, leitet sich der Name dieser Bildkomposition her, die in der Ikonenmalerei entwickelt und im Mittelalter vom Westen übernommen wurde.

Delphin

Dieser menschenrettende Meeresbewohner findet sich auf frühchristlichen Sarkophagen und Grabstelen. Der Delphin stellt Christus dar, der die Menschen aus dem Meer der Sünde rettet. Der Delphin ähnelt dem Symbol des →Fisches.

Doppelchor

Die Epoche der Romanik war durch heftige Auseinandersetzungen zwischen Kaiser und Papsttum bestimmt. Anfangs jedoch sorgten die sächsischen Kaiser noch für die Kirche, Töchter und Söhne aus den Fürstenhäusern wurden Erzbischöfe oder Äbtissinnen, so der Bruder Ottos

des Großen, Bruno in Köln. Die Kaiser befreiten das Papstamt aus dem Hickhack der römischen Adelsgeschlechter und brachten es zu neuem Ansehen. In dieser Zeit gab es nicht wenige deutsche Bischöfe, die zum Papst gewählt wurden. Die Bedeutung des Herrschers spiegelt sich in dem Westwerk und in einem zweiten Chorraum wider. Die Kaiserdome von Mainz, Worms und Bamberg haben im Westen einen Chor, der seit langem keine Funktion mehr hat.
Der Herrscher beschützt die Kirche vor den Gefahren, die von Westen kommen, wo es dunkel wird. Im Westen nimmt der weltliche Herrscher Platz. Mit der Krönung war der Kaiser zum Diakon geweiht und hatte eigentlich das Recht, das Evangelium zu verlesen. Zugleich hatte er den Titel „Stellvertreter Christi", denn Christus wird als König verehrt. Erst nachdem Papst Bonifaz VIII. seine Oberhoheit über jede weltliche Herrscherschaft erklärt hat, beanspruchen die Päpste diesen Titel.

Dornbusch

Dieses Motiv ist dem Alten Testament entnommen. Als Abraham Isaak opfern will und ihn ein Engel davon abhält, hat sich ein Widder mit seinen Hörnern in einem Dornbusch verfangen und kann als Opfertier genommen werden.

Aus dem Dornbusch, der nicht verbrennt, hört Moses die Stimme Gottes, die ihn beauftragt, das Volk aus Ägypten herauszuführen.
Der Dornbusch wird in Verbindung mit der Dornenkrone gesehen, die Jesus zum Spott aufgesetzt wurde.

Drache
Der Drache ist ein Wesen, das viele Völker in ihren Mythen kennen. Er drückt Schrecken und Kraft aus und droht, den Menschen zu überwältigen. Der Drache oder die Schlange bewohnen das Weltmeer oder werden auch in der Milchstraße gesehen. Als Midgardschlange oder Leviathan umschlingt der Drache die Erde und bildet ihren äußersten Rand, der im Orkan seine Kraft beweist und den Menschen zu verschlingen droht.
Im Drachen als Sinnbild des Bösen wird uns die Kraft, die uns verschlingen kann, vor Augen geführt. Der Drache lässt den Menschen nicht frei, sondern fesselt ihn, um ihn herabziehen zu können. Vor allem in romanischen Kirchen wurde den Menschen diese Seite des Daseins vor Augen geführt.
Dass an mittelalterlichen Kirchen Wasserspeier in der Form eines Drachenkopfes gebaut wurden, bezieht sich auf den Drachen in der Apo-

kalypse, dem letzten Buch der Bibel. Er will die Frau, die ein Kind geboren hat, verschlingen. „Als der Drache erkannte, dass er auf die Erde gestürzt war, verfolgte er die Frau, die den Sohn geboren hatte. Aber der Frau wurden die beiden Flügel des großen Adlers gegeben, damit sie in die Wüste an ihren Ort fliegen konnte. ... Die Schlange spie einen Strom von Wasser aus ihrem Rachen hinter der Frau her, damit sie von den Fluten fortgerissen werde. Aber die Erde kam der Frau zu Hilfe; sie öffnete sich und verschlang den Strom ...“ (Offb 12,13–16).
Der Drache wird aber nicht als Sieger, sondern als Besiegter dargestellt. Der Erzengel Michael oder der heilige Georg halten ihn mit ihrer Lanze am Boden nieder.

Dreieck
Diese geometrische Figur wird zum Symbol für die Dreifaltigkeit, das sich häufig in Barockkirchen findet. In das Dreieck malt der Barock das Auge Gottes (→Zahlen).

E

Edelsteine

Sie sind als Symbole allgemein auf die Herrlichkeit des Gottesreiches bezogen. Vorbild war der Schmuck der Mauern des himmlischen Jerusalems mit Edelsteinen: „Sie glänzte wie ein kostbarer Edelstein, wie ein kristallklarer Jaspis. ... Ihre Mauer ist aus Jaspis gebaut und die Stadt ist aus reinem Gold, wie aus reinem Glas. Die Grundsteine der Stadtmauer sind mit edlen Steinen aller Art geschmückt; der erste Grundstein ist ein Jaspis, der zweite ein Saphir, der dritte ein Chalzedon, der vierte ein Smaragd, der fünfte ein Sardonyx, der sechste ein Sardion, der siebte ein Chrysolith, der achte ein Beryll, der neunte ein Topas, der zehnte ein Chrysopras, der elfte ein Hyazinth, der zwölfte ein Amethyst“ (Offb 21,11b.18–20).

Dieser biblische Text hat die mittelalterliche Baukunst inspiriert. So wurden in die Wände des Chors Edelsteine eingelassen, die Glasfenster in ihren prächtigen Farben sollten wie Edelsteine leuchten.

Der Jaspis wurde von Hrabanus Maurus, der einen Katalog für die symbolische Bedeutung der Edelsteine erstellte, mit der Kraft des Glaubens in Verbindung gebracht. Edelsteine zieren →Kelche, Reliquienschreine und auch Messgewänder.

Efeu

Diese immergrüne Pflanze steht für Treue und ewiges Leben. Die Pflanze ist in Griechenland dem Dionysos geweiht. Bei festlichen Gelagen wurde sie als Kranz getragen. Die Pflanze findet sich auf frühchristlichen Sarkophagen. Sie bedeutet, dass die Seele lebt, auch wenn der Körper tot ist.

Ehrenpreis

Diese Pflanze heißt im Lateinischen *Veronica* und ist deshalb ein Christussymbol, weil Christus als die „Vera unica medicina", die wahre Medizin, gilt. Die Blume findet sich auf mittelalterlichen Gemälden.

Ei

Das Ei steht für neues Leben und symbolisiert zugleich den gesamten Kosmos. An Ostern gibt es auch deshalb viele Eier, weil in den Ostkirchen und früher auch im Westen während der vierzigtägigen Fastenzeit keine Eier gegessen wurden. Auch das Aufschlagen des Eis nach der Osternachtfeier hat symbolische Bedeutung. Wie das

Küken aus dem Ei schlüpft, ist Christus aus dem Grab erstanden. Da das Eigelb in der Ikonenmalerei verwandt wird, steht die gesamte Malerei in Beziehung zu Ostern.

Einhorn
Auf Marienbildern erscheint dieses Tier. Nach der griechischen Sage kann dieses Tier nur von einer Jungfrau gefangen werden (→Tugenden). Dem Einhorn wird große Stärke und Gefährlichkeit zugeschrieben. Sobald es eine Jungfrau erkennt, wird es zahm und legt seinen Kopf in ihren Schoß. Die Einhornjagd durch den Erzengel Gabriel findet sich auf vielen Malereien und Wandteppichen des Mittealters und symbolisiert die Empfängnis Jesu, die der Engel angekündigt hat.
Dem Tier wird in der Antike auch eine heilbringende Wirkung zugeschrieben, so dass es zum Symbol für eine Apotheke werden konnte.

Elemente
Erde, →Wasser, Luft und →Feuer sind für die antike Weltvorstellung das, was für uns die Elementarteilchen sind. Aus ihnen ist alles zusammengesetzt. Die Erde wird durch eine Frau, das Wasser durch den Meeresgott Okeanos, die Luft durch den Gott Äolus, das Feuer durch Feuer-

zungen dargestellt. In der Renaissance wird der Erde die Kybele, das Wasser dem Neptun, die Luft der Juno, das Feuer dem Vulkan zugeordnet.

Engel

Zur jüdischen und christlichen Welt gehören die Engel. Sie bilden den Hofstaat Gottes. Die Flügel der Engel sind Zeichen dafür, dass ihnen der Bereich des Himmels zugänglich ist. Sie bewachen den Kirchenraum und finden sich außen an gotischen Kathedralen. Das Neue Jerusalem hat nach der Offenbarung des Johannes: „eine große und hohe Mauer mit zwölf Toren und zwölf Engeln darauf. Auf die Tore sind Namen geschrieben: die Namen der zwölf Stämme der Söhne Israels“ (Offb 21,12). In Barockkirchen finden sich Engel auf den →Säulen oder an die Decke gemalt, weil sie zur himmlischen Sphäre gehören.

Da Engel im Alten wie im Neuen Testament häufig erwähnt werden, finden sie sich auf vielen Darstellungen biblischer Motive, so wenn der Engel Adam und Eva aus dem Paradies verweist, bei der Verkündigung Marias, in der Weihnachtsgeschichte, am leeren Grab sitzend. Auch Luzifer, der Lichtträger, der zum Teufel Gewordene, ist ein Engel.

Evangelisten, Evangelistensymbole

Der Ursprung der Evangelistensymbole reicht zurück bis in den babylonischen Mythos. Die vier Astralgötter, Nergal = Flügellöwe, Marduk = Flügelstier, Nabu = Mensch und Mimurta = Adler, stellen Symbole göttlicher Macht dar. Meist sind die vier Köpfe in einem Wesen vereint, das als Wächter vor den Heiligtümern aufgestellt ist. In einer Vision schaut der alttestamentliche Prophet Ezechiel (vgl. Ez 1,1–14) die Herrlichkeit Gottes in diesen vier Lebewesen, wie dies auch die Offenbarung des Johannes berichtet (Offb 4,6–8). Die Kirchenväter Irenäus und Hippolyt bezogen erstmals die vier Wesen der Ezechiel-Vision und der Offenbarung auf die Evangelisten. Die jetzt gebräuchliche Verteilung findet sich bei Hieronymus:

Mensch = Matthäus; sein Evangelium beginnt mit der Darlegung der menschlichen Abkunft Jesu, →Löwe = Markus; das Evangelium beginnt mit dem Täufer Johannes, dem „Rufer aus der Wüste“; Markus wird auch deshalb mit dem Löwen dargestellt, weil im Auftreten Jesu die messianische Zeit des Friedens beginnt, in der Kalb und Löwe nebeneinander auf der Weide leben können und der Löwe Gras frisst, →Stier = Lukas; sein Evangelium beginnt mit dem Opfer des Zacharias; Lukas hat den Stier auch deshalb

bei sich, weil Jesus am Kreuz geopfert wird und das Kalb bzw. der Stier als Opfertiere gelten, →Adler = Johannes; aus ihm spricht der von oben kommende Geist am mächtigsten.
An Kanzeln und Kuppelzwickeln des Barock sind die Evangelisten-Symbole häufig mit den vier lateinischen Kirchenvätern Augustinus, Ambrosius, Hieronymus und Gregor dem Großen dargestellt, um so im Sinne der „Gegenreformation" die Kontinuität der Tradition, auf die sich die katholische Kirche berief, zu unterstreichen.

Ewiges Licht
In der Nähe des Tabernakels brennt eine Kerze in einem roten Gefäß. Damit wird der Beter darauf hingewiesen, dass sich im Tabernakel konsekrierte Hostien finden. Dieses ewige Licht unterstreicht nicht nur die Kirche als Ort des Mysteriums, sondern ist das Symbol dafür, dass Gottes Licht ewig auf Erden brennt. Jesus als das Licht der Erde, ein für allemal angezündet, erlischt nicht mehr. Er ist gegenwärtig, so dass das Dunkel der Welt durch Gottes Gnadengegenwart immer gebrochen ist (→Licht).

F

Farben

Blau
Diese Farbe wird dem Himmel zugeordnet, sie signalisiert Transparenz und Klarheit des Denkens. Auch das Wasser und der Diamant sind blau. Maria trägt einen blauen Mantel, weil sie in den Himmel aufgenommen wurde und als Himmelskönigin verehrt wird. Auf bildlichen Darstellungen des Kampfes gegen das Böse verbinden sich Weiß und Blau, meist oben im Bild, gegen Grün und Rot unten im Bild, so im Kampf Michaels oder Georgs gegen den Drachen.

Braun
Diese Farbe steht für das Erdhafte und den Herbst. Bei den Römern wie auch in der christlichen Tradition steht Braun für Bescheidenheit und Demut. Die Franziskaner tragen daher eine braune Kutte.

Gelb
Die Farbe des Sonnenlichtes, des Goldes und damit Sinnbild für den Himmel und die Ewigkeit.

Gelb ist auch der Messwein und damit dem Himmel zugeordnet. Das Gelb steht aber auch für Neid.

Grau
Da die Farbe aus Weiß und Schwarz gemischt ist, deutet sie auf die Auferstehung der Toten hin. Christus trägt beim Endgericht ein graues Gewand.

Grün
Diese Farbe steht zwischen dem Rot der Hölle und dem Blau des Himmels. Sie symbolisiert Ausgleich, Beschaulichkeit und als Farbe des Frühlings neues Leben. Grün steht auch für das Paradies und bezeichnet die Hoffnung (→Tugenden). Weil die Rettung des Menschen vom →Kreuz ausging, malten mittelalterliche Künstler manchmal das Kreuz grün, um es als →Lebensbaum darzustellen. Grün kann aber auch der Teufel dargestellt werden.

Rot
Diese Farbe steht für Blut und damit Opfer. Es ist die Farbe der Märtyrer. Als Farbe des Blutes steht Rot für Leben. Da sie auch die Liebe symbolisiert, wird sie dem Apostel Johannes zugeordnet (→Tugenden). Weil die Patrizier im alten

Rom rote Kleidung trugen, ist diese Farbe heute den Kardinälen vorbehalten. Zugleich ist Rot die Farbe des Teufels und der im Hochmut gescheiterten Stadt Babylon.

Schwarz
Während Weiß die Farbe des Tages ist, steht Schwarz für Finsternis und ist damit Zeichen für Nacht, Vernichtung und Tod. Zugleich signalisiert Schwarz die Abkehr von allem Farbenfrohen und wird damit zur Farbe der Askese und Weltabgewandtheit.

Violett
Da diese Farbe aus Rot und Blau gemischt ist, steht sie für Besonnenheit und maßvolles Verhalten. Auf mittelalterlichen Gemälden trägt Christus bei seiner Passion ein violettes Gewand. Daher werden im Advent und in der Fastenzeit violette Messgewänder getragen. Violett ist Farbe des Bischofs in der katholischen Kirche.

Weiß
Weiße Gewänder tragen die Heiligen im Himmel, das Gewand Jesu wird bei der Verklärung weiß. Als Stellvertreter Christi trägt auch der Papst weiße Kleidung. Weiß ist im Orient und früher auch am französischen Königshof Zeichen der Trauer.

Fels

Im Alten Testament wird Gott „Fels Israels" genannt: „Preist die Größe unseres Gottes! Er heißt: der Fels. Vollkommen ist, was er tut; / denn alle seine Wege sind recht. / Er ist ein unbeirrbar treuer Gott, / er ist gerecht und gerade" (Dtn 32,3b–4). Aus einem Felsen schlägt Moses mit seinem Stock Wasser (Num 17,6). Dieser Felsen wird zu Christus in Beziehung gesetzt (1 Kor 10,4). Auch Petrus wird Fels genannt, Jesus gibt ihm diesen Namen anstelle von Simon. Auf dem Felsen Petrus soll die Kirche aufgebaut werden (→Apostel).

Ferula

Im Unterschied zu den Bischöfen trägt der Papst keinen gekrümmten Hirtenstab, sondern einen nach oben gerade auslaufenden Stab. Das Zepter als Zeichen der Autorität ist ein verkürzter Stab. Johannes Paul II. trug einen Stab, der in ein Kruzifix auslief. Ferula leitet sich von dem Namen für ein Schilfrohr ab und ist auch die Übersetzung für die östlichen Kirchen vorgelagerte Säulenhalle, den Narthex. Daher taucht der Begriff auch in Beschreibungen von Kirchen auf (→Paradies).

Feuer

Neben Erde, →Wasser und Luft galt das Feuer als eines der vier →Elemente, aus denen alles Gegenständliche zusammengesetzt ist.
Das Feuer ist das Element, das Gott am nächsten kommt. Deshalb erscheint Gott im Feuer (Ex 3,1-5, 24,17, 1 Kön 18,38, Ez 1,2).
Feuer kann verzehrend und vernichtend sein, jedoch auch den Menschen mit dem Geist Gottes begaben. Am Pfingsttag kam der Geist auf die Apostel in roten Feuerzungen herab.

Fisch

In der frühen Kirche findet sich das Fischsymbol besonders häufig. Auch heute wieder gilt der Fisch z.B. als Aufkleber auf Autos, als Zeichen der Zugehörigkeit zu einer christlichen Kirche. Das Symbol wurde wohl deshalb gewählt, weil der Getaufte im Netz der Kirche aufgefangen war. Das Auswerfen des Netzes wird von Jesus selbst als Symbol für die Gewinnung von Menschen für den Glauben gesehen. Im Matthäusevangelium beruft Jesus die Brüderpaare Petrus und Andreas, Jakobus und Johannes: „Kommt her, folgt mir nach! Ich werde euch zu Menschenfischern machen“ (Mt 4,19). Erst im 17. Jahrhundert begann man, die griechischen Buchstaben des Wortes *Fisch* auf Jesus zu deuten:

Die Anfangsbuchstaben des griechischen Wortes „Ichthys“ werden so gedeutet:
Ι Jesus
Χ Christus
Θ Theou – Gottes
Υ Yios – Sohn
Σ Soter – Erlöser

Fratzen
In romanischen Kirchen, weniger in gotischen, finden sich neben →Drachen, Wolfsköpfen und →Löwen Fratzen. Sie sollen das Böse abwehren (apotropäisch – abwehrend). Im Barock können Fratzen in der Form von Mäulern die Erde oder die Luft und auch Feuer und Wasser darstellen.

Fuchs
In der antiken Fabelwelt steht der Fuchs für List und tückisches Verhalten. Da der Fuchs bei den Germanen dem Gott Loki zugeordnet war, konnte er auch den Teufel darstellen, denn heidnische Gottheiten wurden in der Missionspredigt als Gestalten des Teufels hingestellt. In diesem Zusammenhang überlistet der Fuchs den Menschen zu falschem Glauben. In der Darstellung der →Laster steht der Fuchs für die Wollust.

G

Gabriel

Dieser Engel wird selten für sich, sondern in seiner Funktion als Bote Gottes dargestellt, der Maria die Menschwerdung des Sohnes verkündet und ihr mitteilt, dass sie die Mutter des Messias sein wird. „Im sechsten Monat wurde der Engel Gabriel von Gott in eine Stadt in Galiläa namens Nazaret zu einer Jungfrau gesandt ... Der Name der Jungfrau war Maria. Der Engel trat bei ihr ein und sagte: ‚Sei gegrüßt, du Begnadete, der Herr ist mit dir.'" (Lk 1,26-28).
Der Name Gabriel enthält das hebräische Wort „El" (so auch Micha-el und Rapha-el). Das bedeutet „Gott". Sein Name heißt: „Stärke Gottes", weil dieser Engel das Wirken Gottes mitteilt.

Glocken

Die großen Glocken, die erst seit dem 14. Jahrhundert gegossen wurden, haben in Zimbeln, Glöckchen und den kleineren Glocken, mit denen in den Klöstern zum Gebet gerufen wird, ihre Vorläufer. Im Gottesdienst selbst gibt es die Schellen oder kleinen Glöckchen, die, meist zu vieren zusammengebunden, von den Messdienern zur Wandlung geläutet werden. Ebenfalls zur Wandlung in der Eucharistiefeier erklingen Glocken im Turm, um die, die nicht am Gottesdienst teilnehmen, auf diesen wichtigen Punkt im Ablauf der Messe aufmerksam zu machen.

Gold

Dieses Metall symbolisiert das Ewige, die himmlische Herkunft, den himmlischen Glanz und höchste Herrlichkeit. Gold ist elementar, obwohl man es schmelzen und bearbeiten kann, bleibt es Gold und symbolisiert so dass das Göttliche trotz aller Eingriffe und Verdunklung durch den Menschen das Göttliche bleibt. Gold korrespondiert auch mit der Farbe des in der Messe gebrauchten →Weins.

Gotik – das Licht als Bauidee

Wer eine gotische Kirche betritt, findet sich in einem von Fenstern bestimmten Raum vor. Nicht mehr Wände und Gewölbe wie in der Romanik, sondern Säulen und in Kreuzrippen aufgelöste Gewölbe dienen als Rahmen und Strukturelemente für die großen Fensterflächen. Kirchen aus Säulen und Kreuzrippengewölben zu errichten, verstand man schon in der Romanik. So würde der Speyrer Dom stehen bleiben, wenn man die Wandflächen herausnähme. In der Gotik setzte man anstelle der Wände bemalte Glasfenster, denn eine neue religiöse Bewegung hatte das Denken der Menschen erfasst. Es ging nicht mehr darum, der Kirche in den nach der Völkerwanderung neu entstandenen Staaten und Gemeinwesen eine Form zu geben, die sowohl der weltlichen wie der geistlichen Macht ihren Platz zuwies (→Romanik). Auf der Basis des Erreichten erfasste die Menschen eine Sehnsucht nach dem Göttlichen. Sie wollten nicht mehr die menschliche Gesellschaft ordnen, die Dämonen und Feinde niederhalten, sondern einen Blick in den Himmel werfen, um so die Einheit von geschaffener und himmlischer Welt zu erleben. Das →Licht verband nach der Vorstellung der damaligen Philosophie die himmlische und die irdische Welt. Das ist eine uns fremde Vorstellung, weil wir wissen, dass das Licht ein physikalisches Phänomen ist. Bis zu dieser Erkenntnis der Naturwissenschaft hielten die Menschen das Licht für etwas Immaterielles, das den himmlischen Sphären zugeordnet war. Die Sonne und die Gestirne leuchten, nicht aber Gegenstände auf dieser Erde. Aber auch Gegenstände haben Anteile am Licht, so Edelsteine, aber auch die Kohle. Je mehr Anteile etwas am Licht hatte, desto himmlischer erschien es den Menschen. Der Mensch selbst gewinnt seine Erkenntnis durch das Licht, indem er vom göttlichen Geist erleuchtet wird. Diese Vorstellung hat auch die Moderne geprägt. Das Zeitalter der Aufklärung, das die Vernunft an die oberste Stelle rückt, nennt sich in Frankreich und England „Zeitalter des Lichtes". Wenn etwas hell ist, dann können wir es erkennen, durchschauen. Dunkelheit wird mit Unwissenheit und dem Bösen assoziiert.

Der Abt Suger, Erbauer der ersten gotischen Kirche, St. Denis, schreibt: „Das ganze Heiligtum ist von einem wundervollen, ununterbrochenen Licht erleuchtet, das durch die heiligsten Fenster eindringt." Hugo von St. Victor, ein Zeitgenosse des Abtes Suger, spricht von den bemalten Fenstern als geistlichen Sinnen, die uns von unserer Blindheit erlösen.

Greif

Ein Fabeltier mit einem Vogelkopf auf einem Löwenkörper, das Flügel hat; vorchristlich und bis nach Indien zu finden. Das Tier drückt wie die Tiere der vier Evangelisten Kraft und Verstand aus. Bei den Griechen ist der Greif das Reittier Apolls. Da diese Tierdarstellung häufig von den Persern benutzt wurde, gilt er bei den Juden als Symbol für die Perser. Im Mittelalter findet sich der Greif häufig in der Heraldik.

Gürtel

Einen Gürtel tragen die Benediktiner, einen Strick die Franziskaner, mit einem Zingulum umgürten Priester und Diakon die Albe, über die sie das Messgewand ziehen.
In der Bibel steht der Gürtel für Gerechtigkeit und Kraft, mit der Gott den Berufenen umgürtet. Außerdem symbolisiert der Gürtel Keuschheit. Deshalb tragen bereits die Eremiten und heute noch Mönche und Nonnen den Gürtel als Zeichen geschlechtlicher Enthaltsamkeit.

H

Hahn

Der Hahn ist der Bote der Sonne. Deshalb ist er das Tier des jeweiligen Sonnengottes, im griechischen Götterhimmel des Apoll.
Im Neuen Testament wird mit dem Hahn die Voraussage Jesu zu seiner Verleugnung verknüpft: „Da sagte Petrus zu ihm: Auch wenn alle (an dir) Anstoß nehmen – ich nicht! Jesus antwortete ihm: Amen, ich sage dir: Noch heute Nacht, ehe der Hahn zweimal kräht, wirst du mich dreimal verleugnen“ (Mk 14,29f).

Hand
Geöffnet ist sie ein Symbol für das Empfangen und ausgestreckt für Wegweisung und Handeln. Die Hand Gottes wird in frühchristlichen Fresken und Mosaiken von oben, aus dem Himmel kommend, dargestellt. Meist deutet die Hand auf eine Berufung hin. Die rechte Hand Gottes stellt Barmherzigkeit dar, die linke seine Gerechtigkeit. Deshalb segnet der Priester mit der rechten Hand, während der König mit der linken Hand regiert.
Wenn beide Arme ausgebreitet und die Hände nach oben gehalten werden, ist das der körperliche Ausdruck für Gebet. In der Liturgie segnen Hände im Auftrag Gottes, sie salben den Menschen bei der →Taufe, bei der Priesterweihe und auf dem Krankenbett mit geweihtem →Öl. Beim Friedensgruß im Gottesdienst drückt die Hand Versöhnung und Gemeinschaft aus.

Harfe
Wenn eine Figur in der Kirche eine Harfe in der Hand hält, dann ist meist der Psalmendichter, König David, dargestellt.

Hase, Osterhase
In der byzantinischen Kirche gilt der Hase als Symbol für die Auferstehung: Da von ihm gesagt

wird, dass er beim Schlafen die Augen nicht schließt, steht er als Bild dafür, dass Jesus nicht im Tod geblieben ist. Gleiches wird in der Antike vom →Löwen gesagt. Der Osterhase als durchgängiges Symboltier für Ostern kam erst im 19. Jahrhundert auf. Auch der eierlegende Osterhase ist eine neuere Erfindung, die sich möglicherweise von seiner Fortbewegung herleitet. Er hoppelt und bleibt dann sitzen, als ob er etwas ausbrüten oder ein Ei legen würde.

Heilige, Heiligenschein (Aura)
Heilige sind Vorbilder im Glauben und Helfer bei Gott. Um die Vielzahl der Heiligen unterscheidbar zu machen, haben sie Attribute, die z.B. ihre Todesart als Märtyrer für den Glauben bezeugen. Daher trägt Petrus das Petruskreuz, Paulus das Schwert, Andreas das nach ihm benannte Andreaskreuz, Bonifatius ein Schwert im Evangelienbuch, denn er wollte sich mit dem erhobenen Evangelium schützen und wurde durch ein Schwert umgebracht. Häufig verweisen die Attribute auch auf bekannte Taten und Wunder aus dem Leben der Heiligen, wie etwa im Falle der Mantelteilung des Martin von Tour.
Heilige werden oberhalb der Augenhöhe des Betrachters dargestellt und erhalten oft mit dem Heiligenschein eine besondere Aura. Sie sind

die Menschen, die die Vollendung erlangt haben, die Gott im Himmel schauen. Die Ikonostase der orthodoxen Kirchen besteht aus Bildern mit Heiligen, die den Beter aus dem Bereich des Himmels anblicken.

Herz

Das Herz ist das Symbol für pulsierendes Leben. Es ist sozusagen der „springende Punkt" im Menschen, der Ort, dem alles Gute und Böse, die Barmherzigkeit wie die Herzensverhärtung, entspringen. Es gilt als Sinnbild der Menschenliebe wie auch der Liebe zu Gott. Daher wurde es als Attribut vieler Heiliger (z.B. Augustinus) verwandt oder als Personifikation der Liebe, einer der drei göttlichen →Tugenden. Das Herz-Jesu-Bild als besondere Form des Christusbildes entstand im hohen Mittelalter durch die Einwirkung der Mystik. Andachtsbilder zeigen das blutende Herz zusammen mit den Leidenswerkzeugen, mit denen Jesus am Kreuz gefoltert wurde, oder auch Jesu Stigmata. Oft ist das Herz Mittelpunkt des gekreuzigten Christus. Engel fangen das Blut aus den fünf Wunden in Kelchen auf. Die Visionen der Margareta Maria Alacoque (1647–90) gaben der Herz-Jesu-Verehrung einen besonderen Aufschwung. Für das 18. Jahrhundert ist die Darstellung des Herzens mit der klaffenden Seitenwunde, aus der Flammen schlagen und aus dem häufig ein →Kreuz wächst, typisch. 1856 wurde das Fest für die ganze katholische Kirche eingeführt.

Himmelssymbolik

In der Zeit der Verfolgung trafen sich die Christen in Privathäusern. Später wählten sie die städtische Versammlungshalle, die Basilika, zu ihrem Treffpunkt. Die Basilika hat eine Besonderheit: Während ihre Decke flach ist, wird die Apsis überwölbt. Wer unter der Wölbung sitzt, hat eine vom Himmel gegebene Autorität. Je mehr das Christentum zu einer tragenden gesellschaftlichen Kraft wurde, desto bedeutsamer wurden seine Bauten. Die Hagia Sophia, die Kirche der heiligen Weisheit in Konstantinopel, hatte bereits eine große Kuppel. Vorbild für den Kuppelbau war das Pantheon in Rom, ein Verehrungsort für „alle Götter" (von griechisch „pan" für „alle" und „Theos" – „Gott"). Hier war bereits die Himmelssymbolik in der Kuppel das vorherrschende Motiv für ein religiöses Bauwerk.
Wie die Kirchen im Oströmischen Reich variieren die Romanik, die Gotik und der Barock dieses Thema. Die Romanik baut über der Vierung eine Kuppel. Gotik und Romanik malen die Ge-

wölbe blau aus und setzen Sterne in den gemalten Himmel. Der Barock gewährt in prächtigen Deckengemälden einen Blick in die himmlische Welt.
Die Vorbauten geleiten den Eintretenden von der irdischen Welt in die himmlische. In romanischen und gotischen Kirchen ist im Tympanon über dem Westportal oft das Letzte Gericht dargestellt, d.h., wer in die Kirche eintritt, ist symbolisch bereits durch das Gericht gegangen und damit im Himmel.
Wer sich unter dem Himmel versammelt, ist im Raum Gottes angekommen und gewinnt Zugang zu Gott. Dabei bleibt der Beter noch auf der Erde, während die Heiligen erhöht sind: Sie stehen in halber Höhe an den Säulen oder werden auf barocken Deckengemälden bei ihrem Einzug in den Himmel gezeigt.

Hirsch
Der Hirsch gilt als Lichtbringer, sein Geweih wird selbst als Lichtstrahl gesehen. Im Alten Testament steht der Hirsch für die Gottsuche: „Wie der Hirsch lechzt nach frischem Wasser, so lechzt meine Seele, Gott, nach dir. Meine Seele dürstet nach Gott, nach dem lebendigen Gott. Wann darf ich kommen und Gottes Antlitz schauen?“ (Ps 42,2–3). Da der Psalm in der

Osternacht bei der Tauffeier gesungen wurde, kommt der Hirsch im Umfeld von Taufkapellen vor. Im Mittelalter findet sich der Hirsch auf vielen Gemälden als Zeichen für Schnelligkeit und Erneuerung, da sich sein Geweih jährlich erneuert. Auf der Flucht kann er den Menschen darstellen, der vom Bösen verfolgt wird. Wenn der Hirsch mit Schlangen dargestellt wird, so geht das auf die Vorstellung zurück, der Hirsch ziehe mit seinem Atem Schlangen aus ihrem Versteck und fresse sie auf.

Hirte

In Kirchen, die nach dem Ende der römischen Verfolgungen gebaut werden konnten, wird Christus in der Apsis häufig als Hirte dargestellt, die Schafe sind die Gläubigen. Das geht auf das Gleichnis vom guten Hirten zurück (Joh 10, Lk 15). Von diesem Gleichnis ausgehend wird Jesus als Hirte dargestellt, der ein Schaf auf den Schultern trägt. Der gute Hirte war in der frühen Kirche das am meisten gebrauchte Bild für Christus, erst im Mittelalter wurde es das →Kreuz.

I

IHS

Das Trigramm, drei Buchstaben, leitet sich vom Namen Jesus ab, der im Mittelalter „Jhesus“ geschrieben wurde. Es wird auch auf das Zeichen gedeutet, unter dem Konstantin an der milvischen Brücke die Schlacht gewann: In hoc signo vinces: In diesem Zeichen wirst du siegen. Es kann als „Jesus Hominum Salvator“ – „Jesus, der Menschen Erlöser“ gelesen werden. Im späten Mittelalter löste dieses Zeichen das X-P (→Chi) ab. Von den Jesuiten wurde es übernommen und findet sich an den von ihnen erbauten und später an den Barockkirchen.

J

Jerusalem

Ist nicht nur der Ort der Kreuzigung und der Auferstehung Jesu, sondern auch die Stadt, in der die Wiederkunft des Menschensohnes und somit das Ende der Geschichte erwartet wird.

Jerusalem enthält die semitischen Wortwurzeln „sehen" (jeru) und „Frieden, Vollkommenheit" (Salem, Shalom).
Jerusalem ist der Ort der Gottesverehrung und wird als „neue Stadt" in der Offenbarung des Johannes angekündigt: „Da entrückte er mich in der Verzückung auf einen großen, hohen Berg und zeigte mir die heilige Stadt Jerusalem, wie sie von Gott her aus dem Himmel herabkam" (Offb 21,10). Wenn es dann im gleichen Kapitel in den Versen 22 und 23 heißt: „Einen Tempel sah ich nicht in der Stadt. Denn der Herr, ihr Gott, der Herrscher über die ganze Schöpfung, ist ihr Tempel, er und das Lamm. Die Stadt braucht weder Sonne noch Mond, die ihr leuchten. Denn die Herrlichkeit Gottes erleuchtet sie und ihre Leuchte ist das Lamm", so ist dies eine Bauanleitung für Kirchen. Die Kirche, gebaut als Neues Jerusalem, ist der Ort, wo Gott selbst ist. Das →Lamm ist im eucharistischen →Brot gegenwärtig und wird im Tabernakel aufgehoben und angebetet. Romanik und Gotik haben sich an dieser Bibelstelle orientiert.

K

Kelch

Dieses Gefäß gehört zur Messe, denn der Kelch nimmt den →Wein und einen Tropfen →Wasser auf, über die der Priester die Wandlungsworte spricht. Daher ist der Kelch meist mit eucharistischen Symbolen oder der Abendmahlszene verziert. Kelche können einfach aus Ton gebrannt sein, aus Messing, Silber oder →Gold getrieben. Biblische Bezüge sprechen von dem Kelch des Heils. Wenn in einer Darstellung, die Jesus vor seiner Gefangennahme betend zeigt, ein Kelch zu sehen ist, spielt das auf das Wort Jesu an: „Vater, wenn du willst, nimm diesen Kelch von mir!" (Lk 22,42a). Der Kelch kann sowohl auf Heil und Erlösung hindeuten wie auf das Schwere, das der Mensch zu tragen hat.

Kerze

Sie steht mit ihrem brennenden Docht für das Gebet. Deshalb brennen Kerzen vor Bildern der Mutter Gottes und werden an Wallfahrtsorten entzündet. Kerzen werden zum Gottesdienst angezündet. Die Taufkerze symbolisiert das neue →Licht, das die →Taufe im Menschen entzündet

hat. Die Osterkerze wird in der Osternacht geweiht und steht im Chorraum während der Osterzeit und oft auch länger.
Es gibt einen eigenen Tag, an dem die Kerzen für den liturgischen Gebrauch geweiht werden: Mariä Lichtmess. Dieser Tag, 40 Tage nach Weihnachten, erinnert an ein besonderes Reinigungsopfer für die Mutter Jesu.

König
Jesus Christus stammt aus dem Königsgeschlecht Davids. Er ist der verheißene Messias, der Gesalbte des Herrn (griechisch „Christos"), der die Königsherrschaft Gottes ankündigt und mit seiner Person verbindet. Als König und Weltenherr wird Christus in den Mosaiken in der Apsis alter Kirchen dargestellt. Er thront auf der Weltkugel. Wenn Maria mit dem Kind auf dem Arm das zentrale Bild des Altares ist, dann hält häufig das Kind die Weltkugel in der Hand. Wer eine Kirche betritt, geht in den Herrschaftsbereich Gottes hinein und blickt heute meist auf das →Kreuz, das als Zeichen dieser Herrschaft aufgerichtet ist. In der Romanik gestaltete Kruzifixe zeigen Christus in königlicher Würde. Königlich wird Christus als der Auferstandene gemalt oder in Skulpturen dargestellt. Die Gesetze dieses Königreiches sind im Kern die Got-

tes- und die Nächstenliebe, die sich vom Gottesdienst aus in die Gestaltung des alltäglichen Lebens, in die ganze Stadt, in die Welt hinaus ausbreiten sollen.

Kranz

Er war das Ehrenzeichen des siegreichen Athleten, z.B. bei den Olympischen Spielen der Antike in Form eines Gewindes aus Laub, Blumen u.ä. Das Christusmonogramm war in der frühen Kirche oft von einem Kranz umgeben und bezeichnete so Christus als den Sieger über den Tod (daher häufig auf Sarkophagen) oder – da die siegreichen römischen Kaiser den Lorbeerkranz trugen – als Kyrios, den Herrn der Welt. Als Siegeszeichen gebührte der Kranz auch den Märtyrern.

Kreis

Die gebogene Linie, die an ihren Anfang zurückkommt, ist Symbol der Zeit und des Neuanfangs. Zugleich ist der Kreis Zeichen der Vollkommenheit und damit des Himmels.

Kreuz

Es ist das Symbol des christlichen Glaubens schlechthin und wird als Zeichen der durch Jesus geschenkten Versöhnung mit Gott verehrt. Schon vorher war es ein Zeichen der Einheit, denn das Kreuz verbindet Himmel und Erde und bezieht durch die Horizontale den ganzen Horizont ein. Als Sinnbild für eine der brutalsten Strafen der Antike war das Kreuz zunächst im Christentum verpönt. Die älteste Darstellung ist daher ein in die Wand geritztes Spottkreuz, das Jesus mit einem Eselskopf zeigt. Im Lauf der Zeit war das Kreuz starken Wandlungen in der Form unterworfen (Petrus-, Andreas-, Franziskus-, Patriarchen-, Johanniterkreuz). Wenn das Kreuz gleich lange Balken hat, deutet das auf das Sonnenkreuz hin. Das Kreuz symbolisiert den Jahreslauf in den vier Jahreszeiten. Gerade in Deutschland wurde infolge der geistlichen Staaten, die bis 1803 bestanden, das Kreuz zusammen mit dem weltlichen Schwert oft zum Hoheitszeichen.

Zur Verehrung des Kreuzes sind außer bei der Karfreitagsliturgie die speziellen Andachtsformen des →Kreuzweges eingeführt worden. Das liturgisch vorgesehene Altarkreuz hat seinen Ursprung im Prozessionskreuz, das beim liturgischen Einzug vorangetragen und dann beim Altar aufgerichtet wurde. Seit dem 11. Jahrhundert fand es seinen festen Platz auf dem Altar (vgl. auch →Lebensbaum).

Um den Kirchenraum auf ein theologisches Grundkonzept zurückzuführen, dient neben der →Himmelssymbolik der Grundriss des Kreuzes. Seit die Romanik das Querschiff eingeführt hat, liegt eine solche Ausdeutung des Kirchenraumes nahe. Das Langhaus entspricht den Beinen Jesu, der Chor symbolisiert das Haupt. Das erklärt, warum bei einigen gotischen Kirchen, so beim Stephansdom in Wien, der Chor ein wenig von der Mittellinie verschoben ist. Damit wird an das geneigte Haupt des sterbenden Jesus am Kreuz erinnert.

Kreuzrippe

Statt des Tonnengewölbes werden zwei sich kreuzende Bögen so eingesetzt, dass das Gewicht des Gewölbes auf die Säulen geleitet wird. In die Kreuzrippen werden leichtere Steine eingehängt, so dass höher gebaut werden kann. Da das Gewicht nicht mehr auf den Mauern liegt, kann die →Gotik die Mauern durch Fenster ersetzen.

Kreuzweg

Er hat seinen Ursprung in den Umgängen bzw. im Nachgehen des Leidensweges Jesu in Jerusalem seit dem 4. Jahrhundert. Der Brauch wurde von Jerusalempilgern in den Westen gebracht. Zuerst wurden Kreuzwege an Hügeln und Bergen angelegt. Etwa um 1700 begann man, auch im Kircheninneren Kreuzwege zu errichten, indem man die vierzehn Stationen durch Holzkreuze markierte und darunter häufig eine Szene des Kreuzweges bildlich oder plastisch darstellte. Andere Formen der Verehrung des Leidens Jesu waren die „Ölberge" wie auch die Darstellungen der Geißelung oder der Dornenkrönung Jesu.

Krippe
Die Darstellung der Geburt im Stall, zum 6. Januar mit den Heiligen Drei Königen, findet sich in den meisten Kirchen. Es gibt auch sog. Jahreskrippen, in denen andere Ereignisse aus dem Leben Jesu zur Darstellung kommen.

Kugel
Sie findet sich in Kirchen in der Form der Kuppel als Sinnbild für den Himmel (→Himmelssymbolik). In der Renaissance und im Klassizismus war es der Rückgriff auf die antike Architektur, in der Romanik war die Kuppel durch die Hinzufügung des Querhauses an die Basilika möglich geworden. Als vollkommene Form steht die Kugel für das Weltall insgesamt, für Himmel und Erde. In der Hand Christi, auch des kleinen Jesuskindes auf den Armen Marias, ist die Kugel Ausdruck der Weltherrschaft. Die Symbolik wird im Reichsapfel fortgeführt, denn

der Kaiser verstand sich als Stellvertreter Christi in Bezug auf das Königtum Jesu (→König). Der Kugel entspricht das Quadrat bzw. der Kubus. Da die →Zahl Vier für die vier Himmelsrichtungen steht, spiegeln Kubus und Kugel den Zusammenhang von Erde und Himmel. Gott kommt aus dem Himmel in die irdische Wirklichkeit, der Gottesdienst verbindet den Menschen, der in der Welt lebt, mit dem Himmel.

L

Labyrinth

Ein Quadrat oder →Kreis mit einem Mäanderband, meist aus verschiedenfarbigen Steinen. Dieses Symbol für den menschlichen Lebensweg kannten schon die Römer. Die Christen haben das Labyrinth bereits in der Antike übernommen. Das Band führt über die ganze Fläche und endet in der Mitte, die das himmlische Jerusalem symbolisiert.

Lamm, Osterlamm

Beim jüdischen Passahfest ab wird zum Gedenken an die Befreiung aus Ägypten ein Lamm ver-

zehrt. Da das Passahfest am 1. Frühlingsvollmond gefeiert wird, liegt es im Sternbild des Widders. Es wurde aus mehreren Gründen zum Symbol für Jesus. Nach dem Johannesevangelium wurde Jesus zu der Stunde gekreuzigt, an dem die Lämmer für das Passahmahl geschlachtet wurden. Im gleichen Evangelium wird berichtet, dass Johannes der Täufer auf Jesus mit den Worten hinweist: „Seht, das Lamm Gottes, das die Sünden der Welt hinwegnimmt“ (Joh 1,29b). Mit dieser Formel werden die Gläubigen in jeder Messe zum Empfang der Kommunion eingeladen. Der Priester hält die Hostie hoch und spricht dabei diesen Satz.
In vielen Kirchen, vor allem in Süddeutschland, wird an Ostern ein Lamm auf den Altar oder in den Chorraum gestellt. Eine Fahne weist auf den Sieg des Lammes hin, das den Tod überwunden hat. Das Lamm als Bild für Christus stammt auch aus der Geheimen Offenbarung des Johannes. Dort steht das Lamm für den siegreichen Christus. Es öffnet die Schriftrolle mit den sieben Siegeln (Offb 5–7). Von dem Lamm heißt es in Offb 5,9.12: „Würdig bist du, das Buch zu nehmen und seine Siegel zu öffnen; denn du wurdest geschlachtet und hast mit deinem Blut Menschen für Gott erworben ... Wür-

dig ist das Lamm, das geschlachtet wurde, Macht zu empfangen, Reichtum und Weisheit, Kraft und Ehre, Herrlichkeit und Lob.“ Das Lamm verweist auf das Opfer, den blutigen Tod Jesu. Deshalb spricht man auch nicht vom Osterschaf, sondern vom Osterlamm.

Laster

Die Laster sind in romanischen Kirchen und auf vielen Bildern dargestellt. Als Gegenbild zu den →Tugenden werden die Laster im Karneval, der die Gegenwelt der Fastenzeit zur Darstellung bringt, in den Masken dargestellt. In den Briefen des Paulus finden sich bereits Lasterkataloge. Wenn ein Baum →Schlangen als Wurzel oder ein →Drache viele Köpfe hat, sind das Darstellungen der Laster. Wie für die Tugenden gilt auch für die Laster die Siebenzahl.

Der **Hochmut**, Anführer aller Laster, reitet auf einem →Löwen oder einem Pferd. Der **Neid** wird durch die Schlange dargestellt, weil nach dem Bericht über den Sündenfall die Schlange Eva aus Neid verführt. Auch eine Frau, die auf einem Hund mit einem Knochen im Maul reitet, stellt den Neid dar. Die **Völlerei** wird oft mit einem Schwein oder als Fuchs mit einer Gans im Maul dargestellt. Für den **Geiz** stehen Kröte, Affe, Wolf, Hyäne oder Dachs. Die **Trägheit** rei-

tet auf einem Esel. Die Schnecke steht ebenfalls für Trägheit. Dieses Laster wird auch durch Menschen, die bei der Arbeit schlafen, dargestellt. Der **Zorn** reitet auf einem Wildschwein oder Bären. Ein Mann, der sich selbst mit einem Degen durchsticht, oder Menschen, die ihre Kleider zerreißen, versinnbildlichen den Zorn. Hund, Eule, Igel oder eine Fackel können für dieses Laster stehen. Die **Wollust** wird durch eine herausgeputzte Frau dargestellt. Auch der →Bock, das Schwein oder der Affe verkörpern dieses Laster.
Ein auf einem Esel reitender Mönch stellt die Unbeständigkeit dar. Der Unglaube wird durch Menschen dargestellt, die ein Götzenbild verehren oder tragen.

Lebensbaum
Wie Christus die seit Adam bestehende Sündenverfallenheit ablöst und deshalb der Totenschädel Adams häufig unter dem →Kreuz abgebildet wird, so wird das Kreuz als Lebensbaum dem in der Sündenfallgeschichte erwähnten „Baum des Todes" bzw. „Baum der Erkenntnis" gegenübergestellt. Die Verehrung des Kreuzes als „Baum des Lebens" ist fester Bestandteil der Karfreitagsliturgie. Der Weihnachtsbaum gehört auch zu diesem Symbolkreis. Er verbindet Him-

mel und Erde, die Kerzen stellen die Sterne des Firmaments dar. Auch der Weihnachtsbaum nimmt Bezug auf den Paradiesbaum, denn in Krippenspielen wurde früher vor der Geburt auch die Paradiesszene mit dem Sündenfall dargestellt. Die Kugeln am Christbaum stehen für den Paradiesapfel (→Apfel, Baum, Kugel, Krippe).

Leiter
→Tugenden

Leuchter
Sie tragen die →Kerzen und sind damit Lichtspender, Ausdruck des neuen Lebens. Der siebenarmige Leuchter weist auf das Judentum. Moses hat eigens für das heilige Zelt Leuchter anfertigen lassen. Im Buch Exodus 25,31–40 wird der Leuchter bis ins Einzelne beschrieben (→Tugenden, Licht).

Licht
Licht ist das Medium der Erkenntnis und damit Symbol für den Geist, der den menschlichen Verstand erleuchtet. So wie das Auge ohne Licht nichts sehen kann, so kann der menschliche Geist ohne das Licht des Geistes Gottes nichts erkennen. Licht ist direkt auf Jesus Christus bezogen. Es ist Zeichen für die Gegenwart

Christi, der als Licht für die Welt bezeichnet wird: „In ihm war das Leben; und das Leben war das Licht der Menschen. Und das Licht leuchtet in der Finsternis“ (Joh 1,4–5a). Die Sonne, schon bei den Ägyptern Symbol für das Göttliche, wird zum Zeichen für Jesus. Daher sind die Kirchen „geostet“ (→Osten), so dass der Gottesdienst in Richtung der aufgehenden Sonne gefeiert wird. Das Matthäusevangelium sieht durch das Auftreten Jesu die Prophetie Jesajas erfüllt: „das Volk, das im Dunkeln lebte, hat ein helles Licht gesehen; denen, die im Schattenreich des Todes wohnten, ist ein Licht erschienen“ (Mt 4,16 nach Jes 9,1). Das Licht, das durch die Kirchenfenster fällt, vermittelt den Betrachtern die darauf dargestellten Geschehnisse aus der Bibel. Um die Gegenwart Jesu in dem gewandelten →Brot anzuzeigen, brennt in der Nähe des Tabernakels ein →Ewiges Licht.

Lilie
→Tugenden

Löwe
Der Löwe hat eine zweifache symbolische Bedeutung. Er gilt als Feind des Menschen und wird mit dem Bösen identifiziert. Im 1. Petrusbrief wird der Böse in der Gestalt des Löwen

gesehen: „Seid nüchtern und wachsam! Euer Widersacher, der Teufel, geht wie ein brüllender Löwe umher und sucht, wen er verschlingen kann“ (1 Petr 5,8). Wie der Löwe kann das Böse den Menschen überwältigen. So findet sich der Löwe nicht selten in den Tiergestalten wieder, die in romanischen Kirchen das Böse symbolisieren (→Bestiarium, Laster).
Der Löwe ist jedoch zugleich Symbol für die Auferstehung. Das geht auf den *Physiologus* zurück, ein Tierbuch der Antike. Hier wird berichtet, dass die Löwin ihr Junges tot gebiert. Am dritten Tag kommt der Vater und erweckt es durch Brüllen zum Leben. Wie beim Osterhasen (→Hase) wird auch dem Löwen zugeschrieben, dass er mit offenen Augen schläft. Dieses Bild lässt sich auf Jesus übertragen, der zwar gestorben ist, jedoch wieder zum Leben erweckt wurde.
Der Löwe ist dem Stamm Juda zugeordnet: „Ein junger Löwe ist Juda. Vom Raub, mein Sohn, wurdest du groß. Er kauert, liegt da wie ein Löwe, wie eine Löwin. Wer wagt, sie zu scheuchen?“, heißt es im Segen, den Jakob über seine Söhne spricht (Gen 49,9). Jesus kommt als Nachkomme Davids aus dem Stamm Juda, der im Süden angesiedelt war, Bethlehem ist die bekannteste Stadt dieses Stammesgebietes. Da am Beginn des Markusevangeliums Jesus sich

für 40 Tage in die Wüste, den Herrschaftsbereich des Löwen, zurückzieht, wird dem Evangelisten Markus der Löwe als Tier zugeordnet (→Evangelisten).

M

Mahl

Das Mahl und der →Altar gehören in einer Kirche zusammen. Die Mahlfeier ist Zentrum der Messe. Sie geht auf den Auftrag Jesu zurück, das von ihm gestiftete Gedächtnismahl weiterzufeiern. Am Abend vor dem Passahfest hatte Jesus im Bewusstsein seines nahenden Todes die zwölf Apostel zu einem Mahl eingeladen, das die Juden an diesem Abend zum Gedächtnis an den Auszug aus Ägypten feiern. Jesus hat die zentrale Speise, das →Lamm, nicht in den Mittelpunkt gestellt, sondern das Brechen des Brotes und das Herumreichen des Bechers mit Wein. Daher sind →Brot und Wein die Elemente des christlichen Abendmahles. Das Lamm ist nach der Darstellung der Evangelien Jesus selbst. Dieses Mahl erhält einen dramatischen Akzent, weil Jesus darauf hinweist, dass ein Jünger ihn verraten werde. Diese Szene wird auf vielen Bildern des Abendmahls dargestellt.

Majestas Domini
Bezeichnet die endzeitliche Darstellung des thronenden Christus in der →Mandorla, häufig umgeben von →Evangelistensymbolen oder anbetenden →Aposteln oder →Engeln. Biblische Grundlage ist die Vision Gottes durch die Propheten Jesaja (vgl. Jes 6,1–4) und Ezechiel: „Auf dem, was einem Thron glich, saß eine Gestalt, die wie ein Mensch aussah. Oberhalb von dem, was wie seine Hüften aussah, sah ich etwas wie glänzendes Gold in einem Feuerkranz. Unterhalb von dem, was wie seine Hüften aussah, sah ich etwas wie Feuer und ringsum einen hellen Schein. Wie der Anblick des Regenbogens, der sich an einem Regentag in den Wolken zeigt, so war der helle Schein ringsum. So etwa sah die Herrlichkeit des Herrn aus" (Ez 1,26b–28a). Auch die Geheime Offenbarung und Jesaja (vgl. Jes 66,1: „Der Himmel ist mein Stuhl und die Erde meine Fußbank") verweisen auf die Majestas Christi. Die Symbolik wird verständlich, wenn man sich die Vorstellung vom Weltall der Antike vor Augen führt: Um die Erde wölbt sich das Firmament. Christus wird sitzend dargestellt, auf dem Regenbogen über dem Himmels-

gewölbe. Seine Füße ruhen auf der Erde. Zu dem Motivkreis gehören auch die Sonne und eine herrscherliche Geste.

Mandorla

Inmitten der Gesamtschau der bewegten Himmelskörper und der Bahnen der Planeten thront Christus als Richter beim Jüngsten Gericht. Die Bahnen der Himmelskörper und die Bahnen des kosmischen Geschehens spiegeln sich in einer mandelähnlichen Form, der Mandorla. Die Christen übernahmen Darstellungen des römischen Kaisers, der sich als Repräsentant des Kosmos auf Erden verstand. Im Kaiser verkörperte sich das ewige Rom. Diese Vorstellung der Repräsentation des Kosmos wurde von den Christen auf ihren Herrn übertragen.

Maria

Die Mutter Jesu begleitet den gesamten Lebensweg Jesu, von der durch den Engel →Gabriel verkündeten Empfängnis bis zu dem Zeitpunkt, an dem sie den toten Sohn in ihren Armen hält und schließlich an Pfingsten im Kreis seiner Jünger den Geist empfängt. Sie ist dem inneren Weg der Erlösung ganz nahe und vermittelt dem, der auf sie blickt, diese Nähe. Weil im Christentum eine Frau nicht als Göttin verehrt, ihr aber

der Titel „Königin des Himmels“ gegeben wurde, veränderte sie auf besondere Weise die Sicht wie auch die Stellung der Frau.
Die Darstellung Mariens greift oft auf die Symbolik von Offb 12 zurück (vgl. →Mond, daher Darstellung als Mondsichelmadonna). Maria wird gedeutet als Typus des gläubigen Gottesvolkes der Kirche wie auch als „neue Eva“. Seit dem 4. Jahrhundert werden auf den Titel „Maria“ Kirchen geweiht, der Name wird bevorzugter Taufname, zahlreiche Marienfeste werden in das liturgische Jahr aufgenommen; das Lob Mariens wird tägliche Gewohnheit (Engel des Herrn, Marienpsalter). Das II. Vatikanische Konzil (1962 bis 1965) hat Marias exemplarisches Menschsein vor Gott herausgestellt. Ebenso ist sie Urbild der Kirche: Sie empfängt Christus, gebiert ihn in den Getauften und verkündet ihn der Welt. Dargestellt wird Maria oft mit dem Kind auf dem Schoß. Weiter finden sich in vielen Kirchen Verkündigungsbilder mit dem Engel Gabriel, der ihr „verkündet“, dass sie den Messias zur Welt bringen soll. Das Fest Mariä Verkündigung wird am 25. März gefeiert. Die „Heimsuchung“ bezeichnet den Besuch Marias bei ihrer Kusine Elisabeth. Dieses Fest wird am 2. Juli gefeiert. Darstellungen des Pfingstereignisses zeigen Maria inmitten der Apostel, als der Geist auf die Jünger

in Form von Feuerzungen herabkommt. Maria mit dem toten Sohn wird auch →Pietà genannt, das sich von „Verehrung“ herleitet. Das Altarmotiv der meisten Barockkirchen und bereits der Gotik ist die Aufnahme Mariens in den Himmel und ihre Krönung als Himmelskönigin. Das Fest Mariä Himmelfahrt wird am 15. August gefeiert. Die Krone ist Ausdruck dieser Erhöhung.

Michael

„Da entbrannte im Himmel ein Kampf. Michael und seine Engel erhoben sich, um mit dem Drachen zu kämpfen. Der Drache und seine Engel kämpften, aber sie konnten sich nicht halten, und sie verloren ihren Platz im Himmel. Er wurde gestürzt, der große Drache, die alte Schlange, die Teufel oder Satan heißt und die die ganze Welt verführt” (Offb 12,7–8).

Die Verführung durch den →Drachen besteht darin, Gott nicht anzuerkennen und sich selbst für das →Licht (Luzifer heißt „Lichtträger“) zu halten. Das Programm des Michael ist an seinem Namen abzulesen. Er bedeutet: „Wer ist wie Gott”. Aufschlussreich sind auch die Farben, mit denen er dargestellt wird. Auf seine himmlische Herkunft verweist das →Blau. Die

Farbe →Gold steht für den göttlichen Ursprung des Engels.

Da die Nacht, das Unbekannte, das Bedrohliche vom Westen kommen, steht Michael im Westteil der Kirche, die oft durch ein großes Westwerk als Bollwerk gegen das Böse ausgestaltet ist. Daher ist der große Westturm einer romanischen Kirche Symbol für den schützenden Engel, der auch am westlichen Rande Europas, auf dem Mont Saint Michele, Wache hält (→Turm).

Michael ist neben Christopherus die Gestalt, die die Toten in das jenseitige Reich bringt. Daher sind ihm viele Friedhofskapellen geweiht. Als derjenige, der die Seelen wiegt, ob sie in das Himmelreich aufgenommen werden können, ist er auch ein Symbol für das Letzte Gericht.

Mond

Bis zur Kalenderreform Cäsars wurde der Jahresablauf nach den Mondzyklen berechnet. Das spiegelt sich immer noch in dem Wort „Monat" wider. Die Monate waren zum großen Teil durchnummeriert, heute gilt das noch für September, der siebte, Oktober, der achte, November, der neunte, Dezember, der zehnte Monat. Weil Cäsar den Jahresanfang vom 1. März auf den 1. Januar vorzog, bezeichnet der September nicht mehr den siebten, sondern den neunten Monat.

Der Mond ist ein das →Licht empfangendes Gestirn. Da die Mondphasen dem weiblichen Zyklus entsprechen, wird der Mond der Frau zugeordnet und ist in den meisten Sprachen weiblichen Geschlechts, während die Sonne, anders als im Deutschen, maskulin ist. Auf vielen Darstellungen steht →Maria auf der Mondsichel. Das hat seinen Ursprung in der Offenbarung des Johannes: „Dann erschien ein großes Zeichen am Himmel: eine Frau, mit der Sonne bekleidet; der Mond war unter ihren Füßen und ein Kranz von zwölf Sternen auf ihrem Haupt“ (Offb 12,1). Der Kranz der zwölf Sterne deutet auf den Jahreskreislauf der zwölf Tierzeichen hin wie auch auf die zwölf Stämme Israels (→Zahlen).

Monstranz

In der Form eines Sonnenkranzes oder eines gotischen Gehäuses wird in der Monstranz das eucharistische →Brot in Form einer großen Hostie gefasst und auf dem →Altar zur Verehrung aufgestellt. Monstranz kommt vom lateinischen monstrare (zeigen). Das Sonnenrad weist auf Christus als die Sonne hin. Er ist mit der Auferstehung zum →Licht geworden. Die Monstranz hält den Augenblick der Erhebung der Hostie fest, ein Brauch, der in der Zeit der Gotik entstand. Die Menschen wollten die Hostie vor allem sehen. Deshalb erhob der Priester, der mit dem Rücken zum Volk zelebrierte, die Hostie über seinen Kopf. Im Fronleichnamsfest wird die Hostie in der Monstranz zum Segen für den Ort und die Felder durch die Straßen getragen. Viermal wird entsprechend den vier Himmelsrichtungen mit der Monstranz der Segen gespendet, indem die Monstranz in Form eines Kreuzzeichens bewegt wird (→Zahlen).

Muschel
Sie ist in der griechisch-römischen Symbolwelt ein Zeichen für die Göttin Aphrodite, der römischen Venus, weil sie die „aus dem Schaum Geborene“ ist. Die Christen haben die Muschel als Symbol aufgegriffen und sie neu gedeutet. Die Perle nämlich, die sich in der Muschel findet, ist ein Bild für die Menschwerdung, so dass →Maria die wahre Aphrodite ist, die die Perle in sich trägt.
Die Muschel wird im Mittelalter auch als Form für das →Taufbecken übernommen, als die Taufe nicht mehr durch Untertauchen, sondern durch Übergießen gespendet wurde. Die Muschel ist auch das Zeichen des Apostels Jakobus und damit auch der Jakobspilger. Das kommt wohl daher, dass an der Küste westlich von Santiago, wohin die Menschen bis heute pilgern, die Jakobsmu-

scheln gefunden werden. Nach der Legende ist ein Ritter, der dem Schiff mit dem Leichnam des Apostels entgegenritt, fast ertrunken. Er wurde aber von dem Heiligen gerettet und stieg, mit Muscheln bedeckt, aus dem Wasser.

N

Netz
Die christliche Deutung bezieht sich auf Worte Jesu, dass die Apostel Menschenfischer werden sollen. Daher ist das Netz, ähnlich wie das →Schiff, ein Bild für die Kirche. In der Antike sind Steine mit einem Netz umspannt, ägyptische Mumien sind netzartig eingebunden. Diese Netze stehen für den Lauf der Sonne und der Gestirne, die sich in der Sonnenuhr, vor allem wenn sie als Hohlkugel ausgeformt ist, netzartig abbilden (→Fisch).

Nimbus
Das Wort bezeichnet den auf Gemälden als runde Scheibe dargestellten Heiligenschein und kommt vom lateinischen Begriff für „Wolke“. Gott erscheint in einer Wolke. Eigentlich stellt

die runde Scheibe die Sonne dar und ist ein Attribut der griechischen Götter. Deshalb steht der Nimbus eigentlich nur Christus zu. Später erhalten →Maria, die →Apostel und dann die Heiligen dieses Würdezeichen. In den Nimbus Christi wird das →Kreuz eingezeichnet. Da Christus auch durch das →Lamm dargestellt wird, erhält dieses auch einen Nimbus.

O

Obelisk
Die hoch aufragende →Säule steht für Sieg. Schon die Römer richteten Siegessäulen auf, auf denen die Schlachten dargestellt sind. Der aus Ägypten kommende Obelisk begründet diese Vorstellung noch tiefer, denn er bezieht sich auf das Siegeszeichen schlechthin, die Sonne, die immer wieder über das Dunkel den Sieg davonträgt. Der Obelisk ist der Zeiger, der den Lauf der Sonne abbildet. In einer Zeit ohne Armbanduhr und Turmglocke war die Sonnenuhr die einzige Vorrichtung, die die Zeit angab. Wenn die Säule oben einen Kranz trägt, dann deutet das auf den Kreislauf der Gestirne hin.

Die Säule wird auch durch die Büste eines Herrschers oder Christi gekrönt. Im Barock werden der Mutter Jesu Siegessäulen errichtet, als Dank für einen Sieg über die Türken oder die Überwindung einer Seuche.

Öl, heilige Öle

Mit Öl hat Samuel zuerst Saul und dann David zu →Königen gesalbt. David nennt Saul öfters den „Gesalbten des Herrn“. Der Gesalbte ist der Messias, der Christos (von griechisch chrinein = salben: jüdisch = Messias: der Gesalbte; lateinisch: Christus; daher Chrisam). Weil die Getauften zu Brüdern und Schwestern Christi werden, sind sie mit Chrisam Gesalbte, also Christen. Ergänzt wird die Bedeutung des Öls durch seine heilende Wirkung, die durch die Krankensalbung an Menschen vollzogen wird.

Heilige Öle gehören zu den Urelementen christlicher Liturgie. Für den antiken Menschen waren die Öle Nahrung, Medizin, Kosmetik, Opfergabe und Lichtquelle. Der Jakobusbrief bezeugt die auch medizinisch zu verstehende Krankensalbung. Nach alttestamentlichen Vorbildern finden Salbungen beim Eintritt in die Glaubensgemeinschaft (→Taufe und Firmung) und bei der Übertragung apostolischer Leitungsgewalt (Priester- und Bischofsweihe) statt, aber auch um gottesdienstliche Geräte und Räume zu heiligen. Christsein heißt vom Wortsinn her: Gesalbtsein. Die heiligen Öle werden in der Chrisammesse am Gründonnerstag durch den Bischof geweiht. In jeder Pfarrkirche finden sich drei Öle: Katechumenenöl und Chrisam zur Salbung vor und nach der Taufe und Krankenöl.

Osten

Eigentlich ist die Erde nach Norden, auf den Polarstern hin, orientiert. Denn um die Achse Erde–Polarstern dreht sich die Erde und damit scheinbar auch der gesamte Sternenhimmel. Auf den Polarstern verweist der →Obelisk. Obwohl das Christentum sich in einer Kultur ausbreitete, die ganz von der Himmelssymbolik, dem Lauf der Sonne durch die Sternkreiszeichen, geprägt war, sind die Kirchen nach Osten ausgerichtet. Im Osten geht die Sonne auf, Symbol für die Auferstehung Jesu. Außerdem liegt →Jerusalem im Osten, wo Jesus zum letzten Gericht wieder erscheinen soll.

P

Palmzweig

Die Palme hat ihre Wurzeln im lebendigen →Wasser. Dort ist auch der Gerechte verwurzelt, der nach dem Psalm wie die Palme gedeiht (vgl. Ps 92,13).
Als Sinnbild der Freude und des Jubels dienen Palmwedel beim Laubhüttenfest und auch beim Einzug des „Friedenskönigs“ Jesus in →Jerusalem. Den Kirchenvätern galt die Palme im Einklang mit der Antike als Zeichen der sieghaften Vollendung und des Triumphes, besonders der im Martyrium Vollendeten in Anlehnung an Offb 7,9: „Danach sah ich: eine große Schar aus allen Nationen ... Sie standen in weißen Gewändern vor dem Thron und vor dem Lamm und trugen Palmzweige in den Händen.“ Viele Märtyrer werden mit einem Palmzweig in der Hand dargestellt (→Tugenden).

Paradies

In der mittelalterlichen Architektur bezeichnet „Paradies“ den mit Mauern und einem Säulengang umfriedeten Vorhof von Gotteshäusern oder auch die mehrschiffigen Vorhallen zwi-

schen den Westtürmen. Der Vorhof bzw. die Eingangshalle einer Kirche wird deshalb Paradies genannt, weil oft in der Mitte ein Brunnen zu finden und der Platz mit Bäumen und Pflanzen gestaltet ist. Paradies auch deshalb, weil es bereits zum Friedensbereich einer Kirche gehört und die Flüchtigen mit Erreichen des Paradieses Asyl fanden. Das Paradies wurde dann auch zum Begräbnisort. Der Name Paradies kommt im engeren Sinne von dem der Grabeskirche vorgelagerten Eingang, unter dem das Grab von Adam liegt, über dem nach der Überlieferung das Kreuz Jesu aufgerichtet war. Dem Paradies entspricht in der byzantinischen Bautradition der Narthex. Vielleicht spielte auch die Vorstellung mit, die Vorhalle der Kirche sei als Vorhimmel das ins Jenseits versetzte irdische Paradies.
Das Wort kommt aus dem Persischen und heißt „Königsgarten". Es bezeichnet den in der Schöpfung erwähnten Garten Eden, aus dem das Menschenpaar Adam und Eva nach dem Sündenfall vertrieben wurde und auf den sich die Sehnsucht der Menschen richtet. In der Geheimen Offenbarung heißt es: „Dann sah ich einen neuen Himmel und eine neue Erde" (Offb 21,1). Wegen der Fruchtbarkeit und Freude wurde das Paradies oft mit →Wasser in Verbindung gebracht. Deshalb heißt es in der Geheimen Offen-

barung: „Und er zeigte mir einen Strom, das Wasser des Lebens, klar wie Kristall; er geht vom Thron Gottes und des Lammes aus" (Offb 22,1). An diesem Paradiesesfluss wächst der →Lebensbaum (vgl. Offb 22,2). Das Paradies ist Aufenthaltsort der Gerechten nach dem Jüngsten Gericht.

Pelikan

Der Pelikan bringt in seinem Kehlsack Fische zu seinen Jungen. Diese presst er aus dem Mund heraus, so dass Fischblut seine weißen Federn rötet. Das hat zu der Annahme geführt, der Pelikan reiße seine Brust auf, um seine Jungen zu füttern. Damit wurde er zum Symbol der sich selbst aufopfernden Elternliebe. Diese Symbolik wurde von den Christen auf Jesus übertragen (→Brot und Wein).

Petruskreuz

→Heilige, →Kreuz

Pfau

Der Pfau in seiner Schönheit ist das Symbol des Himmels, der Seligkeit, des Glücks. Wir kennen den Pfauenthron des Schahs, des großen Königs aller Perser. In der frühen Kirche war man der festen Überzeugung, das Fleisch des Pfaus verfaule nicht, es sei unverweslich. So wurde der Pfau zum Symbol der Auferstehung und der Unverweslichkeit der Leibseele.

Pietà
Die Pietà ist eine Darstellung Marias, die den vom Kreuz abgenommenen Körper Jesu auf dem Schoß hält. Das Bild bzw. die Skulptur zieht Beter an, die Trost in ihrem Leid suchen. Pietà kommt vom lateinischen Wort für Frömmigkeit. Das Bild wird auch „Vesperbild" genannt, da Jesus zur Zeit der Vesper, zur 6. Stunde, also um 18 Uhr, vom Kreuz abgenommen wurde.

Pinie, Pinienzapfen
Die Frucht des Baumes gilt als Zeichen der Auferstehung und Unsterblichkeit. Das Symbol entstammt dem ägyptischen Isiskult und war auch in den Kulten des Dionysius und der Kybele in Gebrauch. Die Christen übernahmen das Symbol und deuteten die Pinie als den →Lebensbaum.

Prozession – die Grundidee des abendländischen Kirchbaus
Kirchen sind für den Gottesdienst gebaut. Der Kirchenraum schafft für dieses Geschehen nicht nur einen Rahmen, sondern erklärt es auch durch seine Symbolik.

Im Abendland sind die Kirchen so gebaut, dass man im Westen unter der Orgelempore den Raum betritt und sich nach vorn gezogen fühlt, wo man gegen Ende der Feier ein Stück Brot und eventuell einen Schluck Wein empfängt. Schließlich werden die Feiernden mit einem Segen und der Aufforderung „Gehet hin in Frieden“ wieder durch das Westportal in ihre Welt zurückgeschickt. Kommen, etwas empfangen und dann wieder an seinen Platz im Leben zurückkehren, das ist die Grundstruktur des Ritus.

R

Rad

Das Rad steht für Kreislauf und Wiederbeginn. Wenn der Tod das Rad dreht, so spiegelt das Rad den Lauf des Lebens. Aus der Bibel kommen noch andere Bedeutungen. Das feurige Rad stellt die Sonne dar. So lässt man bei der Sonnenwende vom Johannisfeuer aus feurige Räder ins Tal rollen. In mittelalterlichen Kathedralen findet sich die Radsymbolik in der →Rosette, die die Sonne darstellt.

Regenbogen
Durch den Bericht über die Sintflut wird der Regenbogen zum Zeichen eines Bundes, den Gott mit der Noahfamilie schließt. „Dann sprach Gott zu Noach und seinen Söhnen, die bei ihm waren: ... Ich habe meinen Bund mit euch geschlossen: Nie wieder sollen alle Wesen aus Fleisch vom Wasser der Flut ausgerottet werden; nie wieder soll eine Flut kommen und die Erde verderben. Und Gott sprach: Das ist das Zeichen des Bundes, den ich stifte zwischen mir und euch und den lebendigen Wesen bei euch für alle kommenden Generationen: Meinen Bogen setze ich in die Wolken; er soll das Bundeszeichen sein zwischen mir und der Erde“ (Gen 9,8.11–13). Auch in anderen Kulturen gilt der Regenbogen als Zeichen der Verbindung zwischen Menschen und Gott. Jesus wird als der in den Himmel Erhobene auf einem Regenbogen sitzend dargestellt (→ Majestas Domini).

Ring
Der Ring symbolisiert durch seine Kreisform immerwährende Dauer. Eingeführt wurde der Ring im antiken Rom als Zeichen der Ehrung. Eine weitere Funktion erhielt der Ring durch das Siegelzeichen, mit dem ebenfalls Dauer ausgedrückt wird. Damit wird der Ring zum Zeichen

von Amtsautorität und gehört daher zu den Insignien eines Bischofs, Abtes und einer Äbtissin. Die Christen übernahmen den Ring, den sie mit einem →Fisch, einem →Anker oder einer →Taube verzierten. Einen Fischerring trägt der Papst. Dieser Ring wird nach dem Tod des Papstes zerbrochen (→Kreis).

Romanik: Achteck und Kuppel

Die Bauidee der Romanik entwickelt sich aus der →Basilika. Sie behält das Langhaus bei, betont aber stärker die himmlische Dimension. Die Decken werden als Gewölbe gebaut, so dass nicht nur die Apsis den Himmel symbolisiert, sondern die gesamte Kirche. Neben dem Gewölbe ist das Querschiff eine weitere Innovation der Romanik. In der so entstehenden Vierung, der Kreuzung zweier Richtungen, wird die Idee des Himmels verwirklicht. Die Kuppel symbolisiert den Himmel. Wahrscheinlich war sie blau ausgemalt. Die Himmelssymbolik wird noch einmal unterstrichen durch das Achteck, auf dem die Kuppel ruht. Bautechnisch lässt sich das Achteck problemlos auf die Vierung aufsetzen, anders als beispielsweise ein Sechseck oder Neuneck. Die Acht hat für die Christen eine besondere Bedeutung. Im Matthäusevangelium heißt es: „Nach dem Sabbat kamen in der Morgendämmerung des ersten Tages der Woche Maria aus Magdala und die andere Maria, um nach dem Grab zu sehen“ (Mt 28,1). Später wird aus dem ersten der achte Tag, denn mit der Auferstehung ist Jesus nicht mehr Teil der menschlichen Geschichte, sondern in die Ewigkeit hinübergegangen. Der achte Tag bezeichnet daher den Eintritt in die himmlische Existenz.

Rose, Rosette

Diese Blume steht für Schönheit und Liebe. Im Mittelalter wurde sie Jungfrauen zugeordnet. Wenn eine fünfblättrige Rose über einem Beichtstuhl gemalt oder geschnitzt ist, steht die Blüte für Verschwiegenheit.

Rosen wurden auch die Speisen der Armen genannt. Einer Legende nach verwandelten sich die Almosen, die Elisabeth v. Thüringen zu den Armen trug, in ihrer Schürze in Rosen. Die Rose ist auch ein Geschenk. So war es Brauch, dass der Papst einer Persönlichkeit, die er ehren wollte, am 4. Fastensonntag eine Rose überreichte. Der Rosenkranz war, ehe er zum Fürbittgebet wurde, ursprünglich als Geschenk an →Maria gedacht. Die Rosette in mittelalterlichen Kathedralen leitet sich vom Sonnenrad ab. Deshalb sind in der Mitte des kreisrunden Fensters Jesus oder Maria zu finden.

S

Säule

Die Säule trägt in Kirchen, ebenso wie die Mauer, das Gewölbe. Sie entfaltet eine größere Symbolkraft als die Mauer, denn sie betont den Zusammenhang von Oben und Unten. Die Säule verbindet Himmel und Erde. So liegt nach einer frühzeitlichen Vorstellung das Himmelsgewölbe nicht auf einer Mauer auf, sondern auf den „Säulen des Herakles", dem Felsen von Gibraltar und dem Berg Abyle gegenüber von Gibraltar. Die Säule sehen Theologen der alten Kirche in der Feuersäule vorgebildet, in der Gott seinem Volk auf der Wanderung durch die Wüste vorausgeht. „Sie brachen von Sukkot auf und schlugen ihr Lager in Etam am Rand der Wüste auf. Der Herr zog vor ihnen her, bei Tag in einer Wolkensäule, um ihnen den Weg zu zeigen, bei Nacht in einer Feuersäule, um ihnen zu leuchten. So konnten sie Tag und Nacht unterwegs sein" (Ex 13,20–21).
Die Säule findet sich auch in der Leidensgeschichte Jesu. An eine Säule gefesselt, wird er von den römischen Soldaten gegeißelt.
In der Siebenzahl ist die Säule Symbol für die Gaben des Heiligen Geistes. „Die Weisheit hat

ihr Haus gebaut, ihre sieben Säulen behauen", heißt es im Buch der Sprichwörter 9,1.
Die einzeln stehende Säule hat eine besondere Beziehung zur Sonne (→Obelisk); in Kirchen stehen sie auch für die Apostel (→Apostel, Zahlen).

Schädel
In der Hand von Heiligen stellt der Schädel den Tod und damit die Vergänglichkeit dar. Liegt unter dem →Kreuz ein Schädel, dann weist dieser auf das Grab Adams hin, denn nach der Überlieferung ist das Kreuz über dem Grab Adams errichtet (→ Paradies). Es soll, wie im Weihnachtsspiel, das mit dem Sündenfall beginnt, auf die enge Beziehung der Erlösungstat Jesu zu den Stammeltern hingewiesen werden.

Schiff
Die Berichte vom Sturm auf dem See, „Er stieg in das Boot, und seine Jünger folgten ihm." (Mt 8,23), und vom Gang Jesu auf dem Wasser, „Und als sie ins Boot gestiegen waren, legte sich der Wind." (Mt 14,32), wurden häufig auf die Kirche gedeutet: Der Mast ist das Kreuz, die Ruderer sind die Apostel. Nach dem Vorbild der Arche Noah galt das Schiff auch als Raum der Rettung und des Heils für die Gläubigen. Mit „Schiff" werden das Langhaus und die „Seitenschiffe" bezeichnet.

Schild
→Tugenden

Schlange
In der Bibel wird die Schlange negativ dargestellt (→Laster). Sie hat Eva verführt, der Messias wird der Schlange den Kopf zertreten. Schlangen und Nattergezücht nennt Jesus seine Gegner: „Ihr Nattern, ihr Schlangenbrut! Wie wollt ihr dem Strafgericht der Hölle entrinnen?" (Mt 23,33). Johannes der Täufer äußert dasselbe Verdikt gegen die damals tonangebenden Gruppen: „Als Johannes sah, dass viele Pharisäer und Sadduzäer zur Taufe kamen, sagte er zu ihnen: Ihr Schlangenbrut, wer hat euch denn gelehrt, dass ihr dem kommenden Gericht entrinnen könnt?" (Mt 3,7). In der Geheimen Offenbarung steht die Schlange für die Macht des Bösen und wird zusammen mit dem →Drachen genannt: „Dann sah ich einen Engel vom Himmel herabsteigen ... Er überwältigte den Drachen, die alte Schlange – das ist der Teufel oder der Satan –, und er fesselte ihn für tausend Jahre" (Offb 20,1–2). Der Drache als geflügelte Schlange findet sich vor allem in romanischen Kirchen. →Michael ist der Drachentöter.

Schlüssel
Jesus hat Petrus die Schlüssel des Himmelreiches übertragen. Diese werden oft als Doppelschlüssel gezeigt, denn Jesus hat den Aposteln die Macht gegeben, zu binden und zu lösen. Das findet in der altkirchlichen Bußpraxis ihren Ausdruck. Der Büßende wird in seine Sünden „gebunden", indem er während der 40 Tage der Fastenzeit aus der Gemeinschaft der Glaubenden ausgeschlossen bleibt. Am Gründonnerstag wird der Büßende aus seinen Sünden gelöst.

Schlussstein
In vielen Kirchen ist der Schlussstein des Gewölbes besonders gestaltet. Er hält, bildhaft gesprochen, „das Ganze zusammen". Im übertragenen Sinne ist Christus der Schlussstein, der Punkt, wo der Himmel nochmals den von unten errichteten Bau berührt. Im Epheserbrief heißt es: „Ihr seid auf das Fundament der Apostel und Propheten gebaut; der Schlussstein ist Christus Jesus selbst. Durch ihn wird der ganze Bau zusammengehalten und wächst zu einem heiligen Tempel im Herrn. Durch ihn werdet auch ihr im Geist zu einer Wohnung Gottes erbaut" (Eph 2,20–22). Deshalb ist der zentrale Stein in einem Kreuzrippengewölbe häufig als Kopf oder Büste Jesu gestaltet.

Es gibt jedoch auch Gewölbe, wo gerade anstelle des Schlusssteines eine Öffnung freigehalten ist. An Pfingsten wird durch diese Öffnung die →Taube heruntergelassen oder die Feuerzungen fallen in Form von Blütenblättern auf die Gemeinde herab. Auch für die symbolische Darstellung der Himmelfahrt sind diese Öffnungen genutzt worden.

Schwein
→Laster

Schwert
→Heilige

Sonne
→Monstranz, Rose

Stab
Bischöfe und Äbte tragen als Zeichen ihrer Amtsvollmacht einen dem Hirtenstab nachgebildeten Bischofs- oder Abtsstab. Moses trug auch einen Stab, mit dem er das Rote Meer teilte, damit die Israeliten so dem nachrückenden Heer des Pharao entkommen konnten (Ex 4,1–5, 14,16). Mit seinem Stab schlug Moses Wasser aus dem Felsen (Num 20,7–11). Für Jakobspilger und andere Wallfahrer gehört der Stab zur Ausrüstung.

Stern

Vor der Erfindung mechanischer Uhren und des künstlichen Lichts war das Leben tagsüber am Lauf der Sonne orientiert, nachts an Mond und Sternen. Die Tierkreisbilder zeigen in Verbindung mit der Sonne den Monat an. Am Polarstern können sich Schiffe und Karawanen in der Nacht orientieren. Da die Gewölbe der mittelalterlichen Kirchen den Himmel abbilden, waren und sind einige bis heute mit Sternen ausgemalt. In der Bibel ist der Stern, der die Weisen aus dem Morgenland zu dem Stall in Bethlehem führt, von großer Bedeutung. Die →Zahl der Sterne deutet, wenn es sieben Sterne sind, auf die Planeten, wenn es zwölf sind, auf die zwölf Stämme Israels. →Maria wird auch Stern genannt, der Morgenstern wird ihr zugeordnet.

Stier

Während die Kulte im Umkreis von Israel oft den Stier in den Mittelpunkt stellen, ist bei den Juden das →Lamm das Tier, das beim Passahmahl verzehrt wird. Der Stier ist im Mittelmeerraum bis heute ein besonderes Tier und steht bei der Namensgebung von Europa Pate. Zeus erscheint als Stier und trägt auf seinem Rücken die schöne Europa. Der Stier steht nicht nur für Kraft, sondern auch für Fruchtbarkeit. Frucht-

barkeit ist nicht zuerst als sexuelle Kraft des Stieres zu verstehen, sondern als Beginn des Frühjahres. Im Sternbild des Tieres beginnt das Wachstum. Warum der Stier getötet werden muss, ob im Mithraskult oder in der Stierkampfarena, ist schwer zu erschließen und durch die Altertumswissenschaften noch wenig erhellt.
Der Stier ist dem Evangelisten Lukas zugeordnet, da sein Evangelium mit dem Opfer des Zacharias, des Vaters Johannes' des Täufers, beginnt. Als Gasthausnamen Ochs, Löwe und Adler sind die vier Evangelisten Teil vieler Stadtbilder.

T

Taube

Vögel stehen für die Beziehung zu einer anderen Welt. Oft symbolisiert ein Vogel auch die menschliche Seele. Wenn ein Vogel einen →Kranz im Schnabel trägt, steht dieser für die Seele eines Märtyrers, der im Himmel die „Krone des Martyriums" erhält. Unter den Vögeln hat in der christlichen Symbolik die Taube eine besondere Bedeutung, denn sie ist Zeichen des Geistes.

Wie die Taube immer zum Ursprung zurückfindet, so bringt uns der Geist Gottes zu unserem Ursprung zurück, aus dem wir hervorgegangen sind. Die Taube kennt durch ihren Flug die Welt in ihrer Vielfältigkeit. Diese Vielfalt auch unseres Lebens wird durch den Geist zur Einheit, in die Wirklichkeit des Ursprungs, zurückgeführt, so dass wir dort Heimat finden. Ausdrücklich wird der Heilige Geist in Beziehung zur Taube in dem Bericht über die Taufe Jesu gesetzt. „Kaum war Jesus getauft und aus dem Wasser gestiegen, da öffnete sich der Himmel, und er sah den Geist Gottes wie eine Taube auf sich herabkommen" (Mt 3,16).
Eine einzelne Taube als Symbol für den Heiligen Geist findet sich im Deckel der Kanzel, direkt über dem Prediger. Im Hebräischen heißt Taube Jona (vgl. Jonas). Petrus wird Bar Jona, d.h. aramäisch „Sohn der Taube" genannt.

Taufe, Taufbecken

In der frühen Kirche wurde die Taufe im Vergleich zum Mittelalter und der Neuzeit als sehr viel bedeutsamer erlebt. Das war nicht zuletzt durch die häufigeren Erwachsenentaufen bestimmt. In Südfrankreich und Italien kann man noch von der Hauptkirche getrennte Taufkirchen und -kapellen besichtigen. Zudem ist die

Taufe dem Osterfest zugeordnet, denn in der Osternacht wurden die Katechumenen getauft, die sich in der Fastenzeit auf den Eintritt in die Kirche vorbereitet hatten. Die Taufe bedeutet, in das neue, von Christus geschenkte himmlische Leben einzutreten. Taufbecken verweisen durch die Achtzahl ihrer Ecken auf Ostern, denn der achte Tag ist der Tag der Auferstehung. In den Kirchen gibt es für das Taufbecken keinen festen Platz, es kann in der Seitenkapelle oder in der Nähe des →Altars stehen. Johannes, der am Jordan eine Bußtaufe spendete, der sich auch Jesus unterzog, ist Patron der Taufe. Wenn eine alte Kirche seinen Namen trägt, kann auf eine besondere Beziehung zur Taufe geschlossen werden. Die Taufe Jesu ist häufiges Motiv von Kunstwerken.

Tetramorph – Viergestalt

Die in einer Gestalt zusammengeführten →Löwe, →Stier, →Adler und Mensch, die im Orient häufig vor den Tempeln standen, symbolisieren Mut, Kraft, Geist. Den vier Evangelisten ist jeweils eine Gestalt zugeordnet.

Tiara

Die mittelalterliche Geschichte des Papsttums ist durch den Versuch gekennzeichnet, aus der kirchlichen Vorrangstellung eine weltliche Machtposition zu entwickeln. Das zeigt sich in der Tiara, der dreifachen Krone des Papstes (abgeleitet von lateinisch triregnum = drei Königreiche). Vorbild war die persische Krone und die phrygische Zipfelmütze, mit entsprechenden Kopfbinden und den hinten herabhängenden Enden. Heute ist die Tiara abgeschafft. Als Symbol des Papsttums ist sie auch an vielen Kirchen, die dem hl. Petrus geweiht sind, zu sehen.

Tor, Pforte

Die Schwelle als Übergang in das Haus und damit in einen neuen Bereich verlangt ein offenes Tor, damit die Menschen eintreten können. Deshalb ist der Eingangsbereich von großer symbolischer Bedeutung. Er wird durch Bildmotive aus dem Alten Testament ausgestaltet, die auf das Kommen des Messias hinweisen. Außen an den Türen wird durch Bildmotive angekündigt, was den Eintretenden innen erwartet. Meist sind die Eingangstüren mit biblischen Motiven gestaltet. In der Romanik bewachen →Löwen den Eingang. Weiter ist hinter der Kirchentür das →Weihwasserbecken angebracht. Es steht einmal für Reinigung, aber auch für die Erinnerung an die →Taufe, die den Menschen zum Bürger des Reiches Gottes gemacht hat. Die

Pforte ist auch ein Symbol für →Maria, denn sie ist die Pforte, durch die der Sohn Gottes in die Welt getreten ist. Die Himmelstür öffnet der Schlüsselträger Petrus.

Tugenden

Wie für die Laster gibt es auch für die Tugenden Bildsymbole. Die Leiter, die zum Himmel führt, ist Symbol für tugendhaftes Leben.

Für den **Glauben** stehen das →Kreuz, der →Kelch, der →Leuchter, →Buch und Buchrolle.

Die **Hoffnung** kann mit einem →Anker, einer von einem →Engel entgegengehaltenen Krone, einem Kompass dargestellt werden. Die Farbe →Grün gehört zur Hoffnung.

Für die **Liebe** stehen das flammende →Herz, der →Pelikan und die Farbe →Rot. Wenn das Herz mit einem Schwert durchbohrt wird, deutet das auf in Liebe getragenes Leid.

Wegen des biblischen Wortes, dass die →Schlange klug ist, steht dieses, an sich negativ gesehene Tier auch für die **Klugheit**. Ebenso symbolisiert der Spiegel diese Tugend.

Gerechtigkeit ist meist durch die Waage gekennzeichnet.

Die **Tapferkeit** wird durch den Ritter, das Löwenfell oder ein Schild bezeichnet.

Die **Mäßigung** reitet auf einem →Löwen, Kamel

oder Elefanten. Wenn →Wein mit Wasser gemischt wird, kann das auch auf die Tugend hindeuten.
Das →Lamm steht für **Demut** und Sanftmut. Die **Keuschheit** wird mit der Lilie, der →Palme oder dem →Einhorn dargestellt.

Turm

Viele Kirchen des frühen Mittelalters zeichnen sich durch ein Westwerk aus, das baulich die Abwehr des Dunkeln, des Bösen symbolisiert. Im Westwerk hat der Erzengel →Michael seinen Platz, der himmlische Schutzherr gegenüber den Mächten des Bösen.
Eine romanische Kirche hat jedoch nicht nur den großen Westturm, sondern ist wie eine Burg mit vielen Türmen versehen. Die beiden Türme, die den →Chor einrahmen, stehen symbolisch für die beiden Cherubim, die die Lade mit den Gebotstafeln im Zelt und später im Tempel von →Jerusalem einrahmten.

Tympanon

Der kreuzförmige Grundriss einer mittelalterlichen Kirche wird als hingestreckter Leib gesehen. Der →Chorraum entspricht dem Haupt, das Querhaus den ausgestreckten Armen und der Eingangsbereich den Füßen. In den Körper hinein wird die Weltordnung abgebildet. Trudperter Holeto um 1160 deutet den Körperaufbau so, dass das Haupt die Trinität symbolisiert, der Leib die Kirche der Gegenwart, die Beine und Füße die Zeit bis zum Auftreten des Antichristen und bis zum Jüngsten Gericht. Nach dieser symbolischen Vorstellung hat das Jüngste Gericht am „Fußende“ der Kirche, im Tympanon – dem Feld über dem Portal – seinen Platz.

V

Vögel

Dieses Motiv haben die Christen der Antike von gängigen Vorstellungen über die Seele entnommen. Ein Vogel, der aus einem Körper fliegt, stellt die Seele des Verstorbenen dar. Vögel gehören auch zu Paradiesdarstellungen (→Taube).

W

Waage

→Tugenden

Wasser

Im Alltag dient das Wasser der Reinigung. Es ist mit der Kultform der rituellen Waschung verbunden. Beim Eintreten in die Kirche bekreuzigen sich die Gläubigen mit geweihtem Wasser. Das rituelle Händewaschen des Priesters vor Beginn des Hochgebetes soll seine Hände von den Vorbereitungen reinigen, wird aber durch das Gebet, das der Priester während der Händewaschung leise betet, ausdrücklich als Reinigung von Schuld verstanden.
Wasser ist wie Blut ein zentrales Symbol für das Leben und so auch für den Eintritt in die christliche Gemeinschaft. In der →Taufe, früher durch Untertauchen, wie heute noch bei den Baptisten üblich, bewirken Wasser und Geist neues Leben. Zugleich geschieht die Reinigung von Sünde und Schuld. Im Akt der Taufe wird der Getaufte so in das Wasser, das Symbol der Vergänglichkeit, hineingenommen, dass er gleichsam symbolisch stirbt, aber auch wieder in das →Licht und das

Leben aufgerichtet wird. Dieses Sakrament steht für den Glauben: Sind wir mit Christus gestorben, werden wir auch zum Leben auferstehen.
Durch das Hinzufügen des Wassers zum →Wein, im Mittelmeerraum ein üblicher Umgang mit dem Getränk, wird auf das Einswerden von Gottheit und Menschheit in Jesus Christus hingewiesen. Bei der Bereitung des eucharistischen Mahles betet der Priester: „Wie das Wasser sich mit dem Wein verbindet zum heiligen Zeichen, so lasse uns dieser Kelch teilhaben an der Gottheit Christi, der unsere Menschennatur angenommen hat."
Wasser ist jedoch, wie viele Symbole, ambivalent: Als aufgewühltes Meer oder in einem Unwetter ist es bedrohlich und kann den Menschen schwer schaden. Die Wellenlinien, die das Wasser kräuseln, sind Zeichen der Vergänglichkeit und so Ausdruck der menschlichen Existenz (→Weihwasser, Elemente).

Weihrauch
Den Weihrauch hat die christliche Liturgie aus anderen Kulten übernommen. Er hatte schon im griechisch-römischen Kult eine religiöse Bedeutung. Indem Weihrauch verbrannt wird und den Raum erfüllt, wird er zum Zeichen für das nach oben steigende Gebet und die Verehrung. Im

Römischen Reich wurde dem als göttlich verehrten Kaiser Weihrauch geopfert. Von den Christen wird Weihrauch dem wahren Herrn, dem Kyrios Jesus Christus, dargebracht, aber auch den Gläubigen. Diese werden in festlichen Gottesdiensten von den Messdienern mit dem Weihrauchfass inzensiert („beweihräuchert"). Der Weihrauch zeigt an, dass die Gläubigen schon in die Sphäre des Heiligen, in die Sphäre Gottes, hineingenommen sind.
Weihrauch war in den antiken Mittelmeerkulturen ein sehr begehrter, kostbarer Artikel. Dies galt auch im religiös-kultischen Bereich, daher brachten die drei Könige auch Weihrauch zu Jesus. Auch der jüdische Tempel kannte einen Rauchopferaltar. Der Psalm 141 vergleicht den aufsteigenden Rauch mit dem Aufsteigen des Gebetes, ebenso im Neuen Testament das Buch der Offenbarung (Offb 5,8; 8,2–4). Zum Ärgernis wurde der Weihrauch durch den staatlichen Zwang, ein Weihrauchopfer vor dem Bild des „vergöttlichten" Kaisers darzubringen. Die Weigerung der Christen wurde nicht selten mit dem Tode bestraft. Nach der Konstantinischen Wende (313) erhielten die Bischöfe Ehrenrechte des staatlichen Protokolls. So wurde ihnen auch Weihrauch vorangetragen. Daraus und aus dem Bestreben, Parallelen aus dem alttestamentlichen Kult in der

christlichen Liturgie zu finden, entwickelte sich der liturgische Weihrauchgebrauch – als Zeichen der Anbetung, Ehrung und Begrüßung Christi, als Segnung der Gläubigen und zuweilen auch zur Abwehr unheilvoller Mächte.

Weihwasser

Das stehende, leicht verderbliche Wasser galt früher als der Sitz dämonischer Kräfte. Deshalb wurde es vor dem Gebrauch exorziert (durch wirkkräftige Spruchformeln von den Dämonen befreit) und gesegnet. Dies geschieht besonders in der Osternacht. Im Weihwasserbecken an den Türen jeder Kirche werden so die Eintretenden an ihre →Taufe erinnert, indem sie sich mit dem Weihwasser bezeichnen. Ebenso wurden früher vor dem Hochamt am Sonntag die Gemeinde und der →Altar mit geweihtem Wasser besprengt. Dieser Ritus wurde nach der dabei (außerhalb der österlichen Zeit) gesungenen Antiphon als „Asperges“ bezeichnet. Weihwasser und Weihwasserbecken finden sich auch auf Gräbern und in Haushalten.

Wein, Weinstock

Wein steht für die Fülle des Lebens. Seine goldene Farbe gibt ihm einen besonderen Charakter. Während das →Wasser mit seinen sich kräuselnden Wellen die Vergänglichkeit bezeichnet, steht der Wein für das Himmlische. Wein und Weintraube sind zudem eucharistische Zeichen, denn in der Nacht vor seinem Tod hat Jesus einen Becher Wein mit den Worten herumgereicht: „Dieser Kelch ist der Neue Bund in meinem Blute, das für euch vergossen wird." Diesen Satz wiederholt der Priester im Gedächtnismahl an den Auftrag Jesu (→Brot und Wein). Der Weinstock, an dem Trauben hängen, ist ein Bild für die Eucharistie und auch für Jesus selbst, der das Bild des Weinstockes für sich gebraucht: „Ich bin der Weinstock, ihr seid die Reben", sagt er zu seinen Jüngern (Joh 15,5a).

Westen
→Michael, Turm

Wolf
→Bestiarium, Laster

Wurzel Jesse
Der Stammbaum Jesu wird „Wurzel Jesse" genannt. In dem Wurzelwerk sitzt Jesse, der Vater Davids. Entsprechend der alttestamentlichen Vision des Jesaja (Jes 11,1–10) wird aus dem Reis, das aus der Wurzel Isais = Jesse auf-

gehen wird, der Messias erwachsen. Das Lied „Es ist ein Reis entsprungen“ verweist auf dieses prophetische Bild. Meist wird Jesse liegend und sogar schlafend dargestellt. Gekrönt wird der sich entfaltende Baum, in dessen Ästen die biblischen Könige und die Propheten untergebracht sind, durch Christus, manchmal auch von Maria mit dem Christuskind.

Z

Zahlen

Wir ordnen Zahlen oft schon spontan einen Sinn zu: Die zehn Finger unserer Hände, die zwei Geschlechter von männlich und weiblich, die Zahl Zwölf, die den Tag in Stunden strukturiert. Die sieben Wochentage prägen unser Empfinden. Die Zahl 13 gilt als Unglückszahl. In früheren Jahrhunderten war die symbolische Bedeutung der Zahlen viel stärker im Bewusstsein. Im christlichen Kontext kommen der Drei, der Acht und der Zwölf eine besondere Bedeutung zu.

Eins: Sie ist Wurzel aller anderen Zahlen; sie steht für Ungeteiltheit und damit für Gott.

Zwei: Die Zwei steht einmal für Paare, Adam und Eva, Kain und Abel, und, ein häufiges Motiv des Mittelalters, für die mit verbundenen Augen dargestellte Synagoge, der die Kirche, „Ekklesia", die den Messias erkannt hat, gegenübergestellt wird. Häufig wird eine neutestamentliche Person mit einer alttestamentlichen in Beziehung gesetzt. Jesus ist der neue Moses, Maria die neue Eva. An den Portalen von Kathedralen stehen Apostel auf den Schultern alttestamentlicher Propheten.

Drei: Das Dreieck galt schon bei den Griechen als Symbol für die Gottheit. Augustinus ordnet die Drei der Seele, die Vier dem Leib zu. Die Drei wird auch auf die drei Tage bezogen, die Jesus im Grab und, als alttestamentliche Analogie, Jonas im Bauch des Fisches waren. Darstellungen von drei Männern oder drei Engeln, die z.B. gemeinsam an einem Tisch sitzen, symbolisieren die Dreifaltigkeit. Die Dreifaltigkeit (Trinität) ist die Bezeichnung für das zentrale Glaubensgeheimnis, das sich durch Reflexion auf die Bibel im 4. Jahrhundert herauskristallisierte. Gott ist einer in den Personen von Vater, Sohn und Heiligem Geist. Die Ikonen der Ostkirchen stellen häufig die Dreifaltigkeit in drei Personen dar. Im lateinischen Christentum wurde hingegen mehr die Einheit betont und auf Symbolik zurückgegriffen, wie das →Dreieck. Im Barock findet sich die Darstellung als Gnadenstuhl: Gott Vater hält Jesus am →Kreuz in seinen Händen, darüber schwebt der Heilige Geist in Gestalt der →Taube. Von Bedeutung sind außerdem die drei theologische Tugenden Glaube, Hoffnung und Liebe.

Vier: Diese Zahl symbolisiert die Welt, die vier Himmelsrichtungen, die vier Jahreszeiten. Dass die Menschen einem von vier Charaktertypen (Sanguiniker, Phlegmatiker, Choleriker, Melancholiker) zugeordnet werden können, hängt wohl in ähnlicher Weise mit der Zahl Vier zusammen wie die vier Elemente Wasser, Feuer, Erde, Luft. So wurde dann auch der Name Adam gedeutet, der aus vier Buchstaben besteht. Es gibt vier Evangelisten und vier große Propheten (Jesaja, Jeremias, Ezechiel, Daniel), deren Schriften bis heute tradiert werden.

Fünf: Fünfzackige Sterne finden sich in mittelalterlichen Kathedralen. Nach Pythagoras steht die Fünf für den Mikrokosmos. Der Mensch verfügt über fünf Sinne. Es gibt die fünf Bücher des Moses: Genesis, Exodus, Levitikus, Numeri und Deuteronomium. Mit fünf Broten hat Christus viertausend Menschen gesättigt (Mk 6,38). Jesus erzählt das Gleichnis von fünf klugen und fünf törichten Jungfrauen (Mt 25,1–13). Jesus trägt fünf Wundmale, die im Wappen von Portugal mit fünf Schilden und fünf Tropfen Blut dargestellt sind. Es gibt ein fünftes Element, die Quintessenz (lat. quinta = fünf).

Sechs: An sechs Tagen hat Gott die Welt geschaffen, am siebten ruhte er. Die Sechs ist die Summe der drei ersten Zahlen. Es gibt sechs Werke der Barmherzigkeit: Hungernde speisen, Durstigen zu Trinken geben, Fremde aufnehmen, Nackte kleiden, Kranke pflegen, Gefangene besuchen.

Sieben: Sie bildet sich aus der Drei und der Vier. Wenn die Drei für das Göttliche steht und die Vier für die Welt, vereint die Sieben Himmel und Erde. Dem entspricht im Judentum der siebenarmige Leuchter. Am siebten Tag ist das Werk der Schöpfung abgeschlossen, indem Gott es mit dem Menschen betrachtet. So gibt es die sieben Wochentage, die im Schöpfungsbericht begründet sind. Das deuteronomistische Geschichtswerk, das die Bücher Deuteronomium, Samuel und die der Könige umfasst, ist durch die Zahl Sieben gegliedert. Es gibt sieben Gaben des Heiligen Geistes, sieben Bitten im Vaterunser, sieben Sakramente, sieben Todsünden, denen die drei theologischen und die vier Kardinaltugenden entsprechen.

Acht: Diese Zahl bekommt im Christentum eine besondere Bedeutung, weil Jesus einen Tag nach dem Sabbat, dem siebten Tag der Woche, von den Toten auferstanden ist. Der achte Tag ist damit der Beginn der neuen Schöpfung. Während die Sieben die gesamte menschliche Existenz umfasst, wird sie durch die Acht überboten.
Wenn über die Vierung eine Kuppel gebaut ist, hat sie in der Regel als Ausdruck der Vollendung acht Ecken, genauso wie viele Taufbecken und Taufkapellen. Auch Begräbniskirchen sind wie in Ottmarsheim im Elsass achteckig gebaut. Auf diese Weise unterstützt das Achteck die Himmelssymbolik des Kirchenraumes.
Am achten Tag nach Ostern erschien Jesus Thomas, denn die Juden zählen das erste Glied einer Reihe mit. Es gibt die acht Töne des gregorianischen Chorals, man findet häufig Blumen mit acht Blütenblättern oder einen Stern mit acht Strahlen dargestellt.

Neun: Es gibt neun Engelchöre, durch neun Sphären gelangt nach Vorstellung der Griechen die Seele in den Himmel.

Zehn: Die Zahl wird als X, das dem griechischen →Chi: X entspricht, gezeichnet. Die Zehn bezeichnet nicht nur die Anzahl der Finger, sondern auch der Gebote. Da sie aus 1+2+3+4 gebildet wird, steht die Zehn für Vollkommenheit, sie stellt eine Grenze dar, weil sie die Eins enthält und die Null, damit Anfang und Ende markiert. Die Harfe Davids hatte zehn Saiten.

Elf: Diese Zahl steht für die Sünde, denn sie liegt jenseits der zehn Gebote. Nach dem Verrat des Judas gibt elf Apostel.

Zwölf: Die Zahl steht für die Monate und wohl daraus abgeleitet für die zwölf Stämme Israels, die im neuen Bund durch die zwölf →Apostel repräsentiert werden. Zwölf →Säulen finden sich daher oft im →Chor gotischer Kathedralen und stehen für die Apostel, auf denen das Gebäude, d.h. die Überlieferung von Jesus Christus, ruht. Zwölf mal Zwölftausend bedeutet „riesengroß" und ist die Zahl der in den Himmel Aufgenommenen. Die Zahl Zwölf bestimmt die himmlische Stadt (Offb 21), sie hat zwölf Tore, die Länge einer Seite des Quadrats beträgt 12.000 Stadien, 12 x 12 Ellen sind die Mauern hoch. In den Mauern finden sich zwölf Edelsteine, die in den gotischen Glasfenstern wieder aufscheinen.

Dreizehn: Wie die Elf liegt die 13 hinter einer vollkommenen Zahl, nämlich der Zwölf. Im Judentum hat die Zahl 13 eine besondere Bedeutung, denn im Persischen Reich wurde am 13. des 12. Monats unter dem König Xerxes ein Judenpogrom durchgeführt, das in seiner Schärfe durch die Jüdin Esther aufgehalten wurde.

Vierundzwanzig ist die Überhöhung der Zwölf, 24 Älteste werden in der Geheimen Offenbarung erwähnt.

Fünfzig: Die Zahl steht für Pfingsten, Pentacoste, der 50. Tag nach Ostern, wenn man den Ostertag in der Zählung mitrechnet, sind es sieben Wochen, das sog. Siebenwochenfest der Juden, ursprünglich ein Erntefest.

144: Aus 12 x 12 gebildet, bedeutet sie größte Fülle und Vollendung.